Agatha Müller

Lachen verändert dein Leben

Es ist so einfach!

Bibliografische Information der Deutschen National‾bibliothek: Die Deutsche Nationalbibliothek verzeichnet diese Publikation in der Deutschen Nationalbibliografie, detaillierte bibliografische Daten sind im Internet über dnb.dnb.de abrufbar.

TWENTYSIX – Der Self-Publishing-Verlag
Eine Kooperation zwischen der Verlagsgruppe Random House und BoD – Books on Demand

© 2020 Agatha Müller

Herstellung und Verlag:
BoD – Books on Demand, Norderstedt

ISBN: 9 783740 762933

Agatha Müller

Lachen verändert dein Leben

Es ist so einfach!

Inhaltsverzeichnis

Vorwort...	7
Die Entwicklung des Lachens von Geburt an.	9
Reaktionen im Körper beim Lachen...............	20
Das Lachen bei Männer und Frauen.............	33
Lachen ist ansteckend...............................	37
Lachen und Humor	42
Lachen und glücklich sein...........................	47
Werdet wie die Kinder................................	57
Jedes Lachen ist anders.............................	63
Lachen beim Kitzeln...................................	71
Lachen durch Witze...................................	79
Lachen als Therapie..................................	99
Der Clown...	105
Gesang und Musik machen lustig................	120
Essen macht glücklich...............................	128
Lachende Kinder in Schule und Elternhaus.....	135
Mit Vergnügen in die Arbeit........................	160
Humor im Alltag umsetzen.........................	166
Quellenangaben.......................................	181
Bücher der Autorin....................................	185

Vorwort

Lachen hat mein Leben verändert und Lachen wird auch Ihr Leben verändern – wenn Sie es regelmäßig anwenden. Lachen wirkt sich auf Ihre Gesundheit positiv aus und macht Sie glücklicher und zufriedener. Sowohl die Ehe, die Erziehung und die Schulzeit der Kinder als auch die Arbeit gelingen mit Humor besser. Humor lässt sich in alle Bereiche des Lebens einbauen. Sogar in der Therapie wird Lachen immer mehr angewendet. Lachen heilt! Durch Lachen können wir Abstand von ernsten und traurigen Ereignissen gewinnen. Lachen lässt uns eine andere Sichtweise erkennen, so dass wir zu einer Lösung des Problems kommen können. Lachen lässt Gruppen entstehen und hält sie zusammen. Die Aufzählung der positiven Eigenschaften des Lachens ließe sich noch lange fortsetzen.

Kleine Kinder lachen sehr viel. Lachen ist uns angeboren, doch durch die schnelllebige und stressige Zeit verliert sich das Lachen immer mehr. Manche Erwachsene haben das Lachen komplett verlernt. Wenn wir die Welt retten wollen, benötigen wir dazu das Lachen. Lachen ist eine kleine Zutat des Lebensrezeptes, die Großes bewirkt. Lachen ist wie das Salz in der Suppe. Wenn es fehlt, ist das Leben fade. Wenn es richtig dosiert ist, kann es Wunder wirken.

Mit diesem Buch habe ich mir zur Aufgabe gemacht, diese wertvolle Gabe, die schon fast in die Vergessenheit geraten ist, neu zu erwecken und alle Menschen, die dieses Buch lesen, daran teilhaben zu lassen.

Lassen Sie sich einladen, dieses Buch zu lesen und lassen Sie sich überraschen, wie es Ihr Leben verändern wird.

Agatha Müller

PS:
Um den Text leichter lesbar zu machen, verwende ich in dem Buch nur die männliche Form ohne Vorurteile auf die weibliche Form.

Die Entwicklung des Lachens von Geburt an

„Wenn Kinder lachen, lächelt der Himmel."
Peter Amendt (geb. 1944) - Franziskaner

Wenn wir ein Neugeborenes im Schlaf beobachten, fällt uns das himmlische Lächeln auf. Wir nennen dieses in den ersten Lebenswochen auftretende Lächeln Reflexlächeln oder Engelslächeln. Es ist manchmal sogar schon auf dem Ultraschall zu erkennen. Dieses Lächeln ist allerdings noch kein bewusstes Lächeln, nur der Mund geht in eine lächelnde Stellung. Dabei handelt es sich um einen unkontrollierten Reflex des zentralen Nervensystems. Eine reflexartige Muskelanspannung sorgt dafür, dass sich der Mund zu einem kleinen Lächeln verzieht. Für das Baby ist das sehr wichtig; es ist ein lebensnotwendiger Reflex, um seine Bezugsperson an sich zu binden, damit sie sich um den Säugling kümmert. Ein solches Lächeln kann niemand abschlagen. Das Babylachen macht die Eltern glücklich, denn wenn das Baby lacht, dann geht es ihm gut.

Ab der vierten oder fünften Woche nach der Geburt erkennt ein Baby die vertrauten Stimmen und Gesichter. Es lächelt, wenn es Personen oder Dinge wieder erkennt. Dieses Lächeln erfolgt durch ein Imitieren der Gesichtsausdrücke der Erwachsenen. Das Baby lächelt zurück, wenn die Erwachsenen es anlächeln.

Das erste bewusste Lächeln, das auch die Augen mitstrahlen lässt, erscheint im Alter von ca. sechs Wochen. Um dieses Lächeln ausführen zu können, sind bestimmte Gehirnregionen zuständig, die aber erst reifen mussten. Deshalb kommt es erst mit sechs Wochen zum kommunikativen Lächeln. Es ist ein unvergesslicher Moment für die Eltern. Ab dieser Zeit nimmt das Baby seine Umgebung immer mehr wahr. Es lächelt, wenn es die Stimme der Eltern oder Geschwister hört, wenn es berührt oder gekitzelt wird. Auch Kinder, die taub oder blind zur Welt kommen, fangen in diesem Alter an zu lachen. Ab diesem Zeitpunkt wird jedes Gegenüber angestrahlt, das dem Baby sympathisch erscheint. Das Baby merkt sehr schnell, dass es selber das Lächeln der Mutter oder einer anderen Person auslösen kann. Es lernt, mit einer ihm vertrauten Person über Lächeln zu kommunizieren. Das Baby lächelt nun auch, wenn es sich wohl fühlt.

Bei einem Babylächeln geht allen Eltern das Herz auf, selbst nach einem stressigen Tag und/oder einer schlaflosen Nacht. Das Lächeln oder Lachen des Babys lässt alles vergessen. Es ist etwas ganz Besonderes, eben etwas Himmlisches. Das Baby zeigt uns durch sein Lächeln das ihm entgegengebrachte Vertrauen. Es weiß, wer sich um es kümmert, wer ihm Liebe schenkt und wem es vertrauen kann. Diese Menschen belohnt es mit einem Lächeln. Es ist die einzige Möglichkeit, seine Liebe und sein Vertrauen zu zeigen. Mit dem Lachen wird vom Baby eine Bindung aufgebaut, auf die wir Erwachsene positiv reagieren. Es entsteht eine starke Mutter-Kind-Beziehung. Das Lachen ist sozusagen ein angeborenes, emotionales Band zwischen Mutter und Kind, dass sich immer mehr verstärkt.

Mit ca. drei Monaten hat das Baby so viel Freude am Lächeln, dass es dieses auch Fremden schenkt, die es anlächeln. Es freut sich über jede Kleinigkeit, es gluckst und kichert bei jedem kleinen Spaß.

Mit vier bis fünf Monaten können Babys schon richtig lachen, mit Geräuschen, lautem Glucksen und Quietschen. Es ist so herrlich, das anzuhören. Sie lachen aus purer Freude. Im folgenden Video sehen wir einen Lachanfall eines vier Monate alten Babys. (Link kopieren und anschauen!)

https://www.youtube.com/watch?v=2zif3VRUAe4
(aufgerufen am 15.12.2019)

Auch Fingerspiele, bei denen die Finger verschwinden und wieder kommen, findet das Baby in diesem Alter lustig. Wenn es etwas wieder erkennt, lacht das Baby. Es kennt nun das Gesicht seiner Bezugspersonen genau und reagiert entsprechend darauf. Bei fremden Erwachsenen wird es nun vorsichtiger. Es reagiert misstrauisch, fängt an zu fremdeln. Das ist ein Zeichen dafür, dass das Baby jetzt schon gut unterscheiden kann, wem es ein Lächeln schenken will und wem nicht. Das Lächeln muss dem Baby nicht beigebracht werden, die angeborene Fähigkeit entwickelt sich von ganz alleine. Lachen kann auch nicht erzwungen werden. Wir können das Baby zwar kitzeln, Grimassen schneiden und mit lustigen Spielen versuchen, es zum Lachen zu bringen, aber Babys lachen ehrlich und nur dann, wenn sie es wirklich wollen. Das Baby fühlt sich durch ein Lächeln in Sicherheit und löst zugleich beim Betrachter ein Verantwortungsgefühl aus.

Babys haben eine riesige Freude daran, ihre Rassel, einen Becher oder etwas anderes immer wieder auf den Boden zu schmeißen und dann zu lachen. Es ist ein lustiges Spiel für sie. Im folgenden Video können wir dieses Spiel verfolgen und das fröhliche Lachen hören.
(Link kopieren und anschauen!).

https://www.youtube.com/watch?v=JceQq8TRTc0&list=PL33981113FEC2289E
(aufgerufen am 15.12.2019)

Auch das Zerreißen eines Blattes ist für das Baby total lustig. Es lacht immer wieder von neuem, wie auf dem Video zu sehen ist.
(Link kopieren und anschauen!)

https://www.youtube.com/watch?v=RP4abiHdQpc&list=PLUw5ojSp9LFnbE5v7Wq2dSCXBYw0eXtxH
(aufgerufen am 15.12.2019)

Das Lachen entwickelt sich nun auch als ein Zeichen der Erleichterung, nachdem Spannung und Angst überwunden ist. Das erleben wir z. B. beim Kuckuckspiel. Eine Person versteckt sich entweder ganz oder sie versteckt nur ihr Gesicht hinter den Händen, taucht dann plötzlich wieder auf und ruft „Kuckuck!" Das Kind spürt zuerst eine kleine Verunsicherung, doch die Freude über das plötzliche Wiederauftauchen der Person überwiegt. Das Baby lacht laut als Reaktion auf die überwundene Anspannung. Es ist das Lachen der Erleichterung. Durch das Verschwinden der Person entsteht beim Baby ein kleiner Angstimpuls. Wenn die Person wieder erscheint, fällt die Angst ab, was zum Lachen führt. Wichtig ist, dass die Person nur ganz kurz verschwunden ist. Wenn sie zu lange versteckt

bleibt, bekommt das Kind Angst und anstelle des befreienden Lachens folgt ein schlimmes Weinen, weil das Spiel für das Kind jetzt nicht mehr komisch sondern bedrohlich ernst geworden ist. Auch hierzu ein Video.
(Link kopieren und anschauen!).

https://www.youtube.com/watch?v=OcFz6HDB6-Q
(aufgerufen am 15.12.2019)

Mit einem Jahr lacht ein Baby u.a. auch, weil es stolz auf sich ist, wenn es selber etwas vollbracht hat oder wenn es etwas Lustiges sieht. Es entwickelt langsam einen Sinn für Humor. Es lacht über andere Dinge als zuvor in seinem Leben. Es ist nun in der Lage, zu bewerten, welche Dinge es lustig findet und welche nicht. Der Auslöser für das Lachen hat sich geändert.

Im Alter von ca. zwei Jahren haben Kinder die kognitiven Fähigkeiten für Humor entwickelt. Sie stellen nun langsam fest, dass Dinge in der Umwelt manchmal nicht so sind, wie es ihren Vorstellungen entspricht. Das löst bei ihnen Heiterkeit und Lachen aus. Sie finden besonders Dinge lustig, die nicht zusammenpassen. Sie machen es zum Spiel und tauschen z. B. einen Gegenstand gegen einen anderen aus oder setzen sich die Unterhose auf den Kopf und die Socken nehmen sie als Handschuhe. Oder sie lachen, wenn andere ähnliches tun. Wichtig ist aber immer, dass der Widerspruch harmlos ist, z. B. wenn Papa plötzlich ein Kopftuch auf hat, Grimassen schneidet oder die Banane als Telefon benutzt. Diese Nichtübereinstimmung der eigenen Erwartung oder Vorstellung mit der vorgefundenen Realität hat einen Namen. Man nennt es Inkongruenz. Dieser Begriff wird uns im Laufe des Buches noch öfters begegnen.

Im Alter von drei bis sechs Jahren machen Kinder Quatsch mit dem ganzen Körper, veranstalten kleine Clownerien, schneiden Grimmassen, wackeln mit dem Po, verdrehen die Augen usw. Quatsch machen und darüber lachen muss man Kindern nicht beibringen. Sie können es einfach. Und das sollte man ihnen auch nicht abgewöhnen. Wir Erwachsene sollten uns eher anstecken lassen, denn auch wir können davon profitieren.

Die Sprache gewinnt immer mehr an Bedeutung. Das Kind hat den Wortschatz seiner Muttersprache nun gelernt und fängt an, mit Worten zu spielen: Aus Suppennudeln wird die Nuppensudel und aus dem Waschlappen der Laschwappen usw. Der Hund wird zur Katze, die Kuh zum Schwein, die Nase wird als Ohr bezeichnet. Kinder erfreuen sich nun auch an lustigen Reimen. Sie lachen nach dem Prinzip: Was nicht normal ist, ist lustig. Wenn man sagt: „Schau, da fliegt eine Kuh!", dann lachen sie.

Der Übergang vom Erfinden lustiger Geschichten zum Erzählen von Witzen ist fließend. In diesem Alter experimentieren die Kinder auch gerne mit Pups- und Rülpsgeräuschen. Neulich machte ich mit den Kindern im Kindergarten ein Kreisspiel. Plötzlich hat eines der Kinder gepupst. Alle Kinder fingen schallend an zu lachen. Ich ließ sie lachen, bis sie selber aufhörten. Es hielt lange an und der Junge, der gepupst hatte, war mächtig stolz darauf.

Ein siebenjähriges Kind weiß, dass ein Wort verschiedene Bedeutungen haben kann und erkennt schon das Witzpotential darin. Kinder im Grundschulalter haben Spaß an Wortkomik, unsinnigen Übertreibungen, Scherzfragen, witzigen Reimen und Zungenbrecher. Sie sind nun in der Lage Nichtübereinstimmendes, also Inkongruenzen, als witzig zu entlarven und können über die Pointe lachen. Sie fangen an, ihren individuellen Humor zu entwickeln und sie suchen Freunde, die über die gleichen Witze und Begebenheiten lachen wie sie. Mit sieben ist ein Kind auch soweit, dass es sein Gegenüber nicht nur bewusst anlachen sondern auch auslachen kann. Das gibt ihm ein Gefühl der Stärke und Überlegenheit. Ihm ist jedoch noch nicht klar, welches Gefühl Auslachen beim Ausgelachten bewirkt.

Ab ca. 10 Jahren entwickelt sich ein erstes Verständnis für Ironie. Die Gefahr, durch ein unbedachtes Wort oder Lachen zu kränken, bleibt aber auch in diesem Alter noch groß. Einige Kinder brauchen länger, Ironie von der Wahrheit unterscheiden zu können.

Im Altern von 11 bis 13 Jahren werden Ironie und Satire bedeutsam. Die Kinder fangen an, Autoritäten mit Wortspielen zu kritisieren. Witze über Lehrer sind nun besonders beliebt. Mithilfe dieser Witze kann das Kind die angestauten Schulängste und Aggressionen humorvoll abbauen, weil das Gefühl der Überlegenheit zurückkehrt. Fehler an Autoritätspersonen, die witzig dargestellt werden, sind weniger bedrohlich. Das witzigste Kind in der Klasse ist nun auch das Einflussreichste.

In den folgenden Jahren wird die soziale Funktion des Lachens in der Gruppe immer bedeutsamer. Das Lachen zeigt an, wer zu einer Gruppe gehört und wer nicht. Lachen hat nun eine bindende und zugleich trennende Funktion, die bis in die Pubertät, in der Gruppenbildungsprozesse im Mittelpunkt stehen, anhält. Es entstehen Insiderwitze, die die Gruppen voneinander abgrenzen. Die Jugendlichen fangen an, sich heiklen, ernsten Themen mit Humor zu nähern. Durch den Humor können sie ihre Verunsicherung überspielen und offen darüber sprechen.

In der Pubertät wird das Gehirn des Kindes gewaltig umgebaut. Es bilden sich viele neue Synapsen, die aber bald wieder abgebaut werden, wenn sie nicht genutzt werden. Am meisten ist das Stirnhirn (Frontalhirn) davon betroffen. Die spezifischen Funktionen dieses Gehirnteils werden dadurch zunehmend gestört, vor allem die Hemmfunktion des Frontalhirns. Pubertierende haben deshalb bei einigen Dingen wie Planung oder Risikoeinschätzung Probleme und neigen zu Aggressionen und überzogenen Emotionen mit Gefühlsausbrüchen. Eltern sind jetzt abgeschrieben. In dieser Zeit lachen die Jugendlichen intensiv, laut und häufig, vor allem in der Gruppe und meist über Belanglosigkeiten. Sie albern und blödeln herum. Jungs wollen dadurch Aufmerksamkeit erregen. Sie versuchen mit Witzeleien und Albernheiten ganz nach vorne im Rang zu kommen. Mädchen wollen Gleichheit und soziale Nähe herstellen, aber sie kichern auch, um einander aufzuheitern. Dabei können die Kicherattacken in der Gruppe sehr heftig sein. Folgendes Video zeigt das herumalbernde Lachen zweier Jugendlicher.
(Link kopieren und anschauen!)

https://www.youtube.com/watch?v=qzmYrUAgLFY

Das Lachen entsteht im Stammhirn und wäre ständig aktiv, d. h., wir müssten ununterbrochen lachen, wenn das Lachen nicht von der Großhirnrinde gehemmt würde. Wenn wir etwas Lustiges sehen oder einen Witz hören, wird diese Hemmung für einen Moment aufgehoben und wir können lachen. In der Pubertät wird diese Hemmung im Gehirn grundsätzlich teilweise aufgehoben, so dass das jugendliche Kichern entsteht. Bei kleinen Kindern ist die Hemmung des Lachareals im Hirnstamm noch nicht so stark gehemmt, weil die Nervenfasern, die vom Großhirn zum Stammhirn führen, noch nicht ganz ausgereift sind. Das ist mit ein Grund, warum Kinder mehr lachen als Erwachsene. Auch Alkoholeinfluss erhöht die Lachbereitschaft, weil er die Aktivität der Großhirnrinde dämpft, das Lachareal im Hirnstamm wird weniger gehemmt.

Reaktionen im Körper beim Lachen

„Ich habe gesehen, was Lachen bewirken kann. Es kann bittere Tränen in etwas Erträgliches, sogar hoffnungsvolles, verwandeln."
Bob Hope (1903 – 2003)
Komiker, Schauspieler und Entertainer

Wenn wir etwas Lustiges hören, sehen oder lesen, dann lachen wir. Aber wir kommunizieren auch mit Lachen. Wenn wir den anderen anlächeln, weiß dieser, dass wir nicht gefährlich sind, dass wir ihm wohlgesonnen sind. Lachen innerhalb der Gruppe zeigt an, dass man sich freut, zusammenzugehören. Dazu brauchen wir keine Worte. Doch Lachen kann auch täuschen. Wie können wir sicher sein, dass das Lächeln oder Lachen unseres Gegenübers ehrlich und echt ist?

Es gibt verschiedene Arten des Lachens. Doch nur eine Art ist Ausdruck von spontanem, echtem Lachen. Wenn wir ehrlich lachen, ziehen sich die Mundwinkel nach oben und der Ringmuskel ums Auge zieht sich zusammen. Dadurch werden die Augenhöhlen etwas enger und an der Außenseite bilden sich Fältchen, die sogenannten Krähenfüßchen. Der Augenringmuskel wird nur beim echten Lachen aktiviert. Er ist nicht bewusst steuerbar. Er springt nur an, wenn vorher an etwas Positives gedacht wurde. Die Mundwinkel hingegen lassen sich jederzeit bewusst bewegen. Deshalb ist nicht der Mund, sondern die Augen beim Lachen am aussagekräftigsten. Manche Menschen können herzhaft lachen, aber die Augen „lachen" nicht mit. Sie werden nicht kleiner. Das ist dann kein echtes Lachen. Beim willkürlichen Lächeln, z. B. beim Lächeln der Stewardessen, sehen wir keine Veränderung des Augenmuskels. Dieses gekünstelte Dauerlachen kann krank machen. Es kann zu Depressionen oder Herz-Kreislauf-Problemen führen.

Lachen befreit von Anspannung, Stress, Ärger und Angst. Lachen ist wie seelisches Abhusten. Deshalb verändert sich auch die Mimik im Gesicht. Die Mimik eines lächelnden Gesichtes wirkt anziehend und attraktiv. Beim echten Lachen fühlen wir uns gut, wir steigen aus der Selbstkontrolle aus, fühlen uns selbstsicher. Dadurch kann echte Lebensfreude durch uns hindurchfließen. Die Mitmenschen merken das und reagieren entsprechend darauf. Beim unechten Lachen ist weniger Mimik im Gesicht und sie setzt verzögert ein. Außerdem ist der Körper angespannt. Echtes Lachen beginnt spätestens eine halbe Sekunde nach dem Lachreiz. Die Augen werden kleiner, schließen sich und die Stimme wird höher. Wenn wir herzhaft lachen, dann haben wir nämlich ganz kurz ein starkes Wohlgefühl. Wir schließen kurz die Augen, legen den Kopf leicht in den Nacken und verlieren dabei für wenige Augenblicke den Kontakt zur Umwelt. Dieses Wohlgefühl beruht auf einer durch Dopamin angeregten Endorphin-Ausschüttung im Nucleus accumbens, wo Lustgefühle miterzeugt werden. Authentisches Lachen ist ein Zeichen seelischer Gesundheit, ein Zeichen dafür, dass jemand sich wohl fühlt, so zu sein, wie er gerade ist. Echtes Lachen funktioniert nur, wenn wir den Kopf ausschalten.

David Gilmore sagt in seinem Buch „Der Clown in uns": „Wenn wir offen lachen, ist die Welt weg, vielleicht nur für einen Moment, vielleicht länger – wie die Blende einer Kamera, die aufgeht und sich wieder schließt". Das Lachen wirkt dabei oft wie eine Art „Kurzschluss" zwischen Denken und Fühlen. Wir sind sozusagen im Nichts. Und genau diesen Moment nutzt der Körper zur Regeneration. Das Nichts ist der Raum zwischen den Gedanken. Und da ist Heilung möglich.

Der komplexe Vorgang des Lachens wird unbewusst gesteuert. Deshalb können wir diesen nie ganz richtig glaubhaft nachahmen. Beim echten Lachen bekommt die Stimme einen freundlichen, weichen Ton. Dadurch lässt sich sogar übers Telefon feststellen, ob das Lächeln der Person am anderen Ende echt ist oder nicht. Beim echten Lächeln geht ein Teil des Rachens nach oben, das Gaumensegel stellt sich auf. Die oberen Resonanzräume werden angesprochen. Sie sorgen für einen helleren Klang.

Manchmal setzen wir das Lächeln ein, um uns aus der Verlegenheit zu helfen. Wenn wir z. B. aus Versehen eine volle Tasse umschütten, dann verändert sich unser Gesicht. Die Augenbrauen heben sich und der Mund verzieht sich zu einem Lächeln. Meist geht der Oberkörper noch ein kleines Stück zurück. Wir wollen damit dem Gegenüber sagen: „Das ist mir peinlich, bitte strafe mich nicht." Wir bitten das Gegenüber ohne Worte darum, etwas, was uns passiert ist, nicht übel zu nehmen. Dieses Lächeln wirkt besänftigend und entwaffnend. Genau dieses Lächeln setzen wir auch ein, wenn wir jemand treffen, der uns unsympathisch ist, mit dem wir aber gut auskommen müssen.

Das Lachzentrum unseres Körpers ist das Zwerchfell. Es unterstützt die Lungen bei der Atmung, indem es sie nach oben drückt, wenn wir ausatmen. Beim richtigen Lachen flattert dieser Muskel allerdings hin und her. Das Zwerchfell hüpft. Das bringt die Hierarchie im Körper durcheinander. Die Leber, die Galle und die Milz werden massiert. Auch der Magen-Darm-Bereich wird kräftig durchgeknetet. Die Verdauung wird angeregt und die Blutfette in

Bewegung gesetzt, so dass sie nicht mehr abgelagert werden. Der Blutkreislauf gerät ins Wallen. Die Sauerstoffversorgung im Gehirn steigt. Gleichzeitig setzt das Gehirn beim Lachen Glückshormone frei, die unsere gute Laune steigern. Dopamin stärkt unsere Aufmerksamkeit und Konzentration, das Serotonin löst eine Art Rauschgefühl aus und die Endorphine schenken uns ein Gefühl der Zufriedenheit. Und gleichzeitig sinkt noch der Spiegel des Stresshormons Epinephin. Beim kräftigen Lachen setzt unser Körper zudem noch die Botenstoffe Adrenalin, Noradrenalin und Beta-Endorphine frei, die eine ähnliche Wirkung wie Morphium haben. Sie sorgen für ein Hochgefühl und sie senken unser Schmerzempfinden um bis zu 30 %. Endorphine sind vom Körper selbst produzierte Hormone, die schmerzlindernd bzw. schmerzunterdrückend wirken. Das Endorphinsystem wird einerseits in Notfallsituationen aktiviert, andererseits werden die Endorphine auch bei positiven Erlebnissen wie z.B. Geburten ausgeschüttet. Deshalb werden sie auch Glückshormone genannt. Beim Lachen werden zudem Entzündungshemmer ausgeschüttet. Im Gehirn startet eine richtige hormonelle Glückswelle. Sie breitet sich im ganzen Körper aus.

Durch Lachen vermehren sich die Blutinhaltsstoffe, die für die Immunabwehr verantwortlich sind. Dazu gehören die T-Lymphozyten und T-Helferzellen, die bei der Abwehr von Krebs und kardiovaskulären Krankheiten von Bedeutung sind. Lachen vermehrt auch die natürlichen Killerzellen, die die geschädigten Zellen entsorgen. Bei lachenden Personen steigen die Blutwerte von Gamma-Interferon, Killer-Zellen und Antikörpern. Die Anzahl der Killerzellen des Immunsystems, die Bakterien und Viren abtöten, sind nach jedem Lachanfall deutlich erhöht, manchmal über Stunden. Nach einer längeren Lachphase (z.B. einem lustigen Film) haben sich die T-Killerzellen um ein mehrfaches neu gebildet.

Lachen stärkt das Immunsystem. Wenn wir viel lachen, sind unsere Abwehrkräfte stark genug, um es mit Tumorzellen, Bakterien und virusinfizierten Zellen aufzunehmen. Auch die Konzentration von Immunglobulin A im Speichel und im gesamten Hals-Nasen-Rachen-Raum steigt beim Lachen rapide an. Bakterien und Viren, die bei Husten, Schnupfen, Halsweh, Erkältung und Grippe aktiv sind, werden von den körpereigenen Abwehrstoffen angegriffen. Lachen erhöht also auch die Widerstandsfähigkeit des Organismus gegenüber Krankheiten und ist deshalb eine gute Prophylaxe. Personen, die viel lachen, sind weniger krank.

Wenn wir ausgiebig lachen, beschleunigt sich zuerst kurz unser Herzschlag. Dadurch sinkt der Blutzuckerspiegel. Er bleibt danach auf einem niedrigen Niveau und die Muskulatur der Arterien kann sich entspannen, so dass das Gefäßvolumen erhöht wird. Häufiges Lachen kann also langfristig den Blutdruck und das Herzinfarktrisiko senken. Cholesterin wird verbrannt und das gesamte Herz-Kreislauf-System gestärkt. Durch den kurzfristigen Anstieg des Blutdrucks wird der Kreislauf aktiviert.

Bei einem richtigen Lachanfall drücken unsere Bauchmuskeln die Luft mit 100 km Geschwindigkeit aus unseren Lungen hinaus. Wir atmen schneller und tiefer als sonst. Dadurch kommt dreimal mehr Sauerstoff in die Lunge und ins Blut. Die Lunge wird gut belüftet. Dadurch sinkt die Wahrscheinlichkeit der Atemwegserkrankungen. Schleim wird nach oben befördert. Unser Zwerchfell hüpft, die Stimmbänder werden in Schwingung versetzt und wir stoßen rhythmische Laute aus. Die Stimmbänder von Männern vibrieren rund 300 mal pro Sekunde, die von Frauen 500 mal. Jeder einzelne Laut dauert ca. 75 Millisekunden an. Dann erfolgt eine kleine Lachpause um Luft zu holen. Nach ca. zwei Sekunden müssen wir für den nächsten Lachlaut erneut einatmen. Beim Ausatmen entsteht wieder ein Lachton (hahaha). Lachen ist vor allem Ausatmen. Erwachsene Menschen lachen auf die gleiche Weise wie sie sprechen. Bei jüngeren Babys ist das anders. Sie lachen beim Einatmen. Das verändert sich aber nach und nach während der Entwicklung.

Nach rund sechs Sekunden lässt ein Lachanfall meist nach. Während diesem anstrengenden Ganzkörpereinsatz sind die Muskeln im Gesicht und im Oberkörper angespannt, die Beinmuskeln erschlaffen. Deshalb schwanken wir bei einem heftigen Lachanfall hin und her und können oft nicht mehr stehen, können die Körperspannung nicht mehr aufrechterhalten. Wir kippen um vor Lachen, lachen uns „krumm". Kinder liegen oft plötzlich auf dem Boden, wenn sie herzhaft lachen. Da sich auch die Blasenmuskulatur entspannt, kann es passieren, dass wir beim heftigen Lachen in die Hose pinkeln.

Lachen sieht so einfach aus. Doch es ist ein hochkomplexer Vorgang. Nicht nur unser Gehirn lacht, sondern unser gesamter Körper. Lachen aktiviert den Körper. Lachen ist wie Sport. Es trainiert die Muskeln, vor allem im Bauch und im Gesicht. Im Gesicht heben sich die Augenbrauen, die Nasenlöcher und Pupillen weiten sich, der Jochbeinmuskel zieht die Mundwinkel nach oben, die Augen verengen sich zu Schlitzen. Das Herz schlägt etwas schneller und pumpt das Blut mit dem Sauerstoff durch unseren Körper. Lachen verbessert die Leistungsfähigkeit unserer Atmung. Beim Lachen atmen wir stoßweise. Die Atmung geht schneller und tiefer und die Bronchien werden durchlüftet. Ein Lächeln ändert die Stimmmelodie, die Atmung und den Sprachrhythmus.

Lachen ist körperliche Schwerstarbeit. Insgesamt sind rund 300 Muskeln am Lachen beteiligt, wobei der Lachmuskel für 17 Gesichtsmuskeln zuständig ist. Zusätzlich werden beim Lachen noch weitere achtzig Muskeln trainiert. Das ist Hochleistungssport. Drei Minuten Lachen bringt gesundheitlich so viel wie 15 Minuten Joggen. Der ganze Körper wird gefordert, durchblutet und gestärkt. Lachen entspannt anschließend die Muskeln - zuerst Anspannung danach Entspannung. (Die Methode der An- und Entspannung wenden wir bei der progressiven Muskelentspannung auch an.) Das Gehirn belohnt uns mit der verstärkten Ausschüttung von Glückshormonen. Im dem Moment, in dem wir lachen, haben wir keine Schmerzen. Schmerzpatienten erfahren nach nur wenigen Minuten Lachen eine Erleichterung, die oft mehrere Stunden anhält.

Lachen aktiviert die Selbstheilungskräfte und fördert die Heilung. Der Wissenschaftsjournalist Norman Cousins heilte im Eigenversuch durch Lachen seine chronische Entzündung der Wirbelsäule. Er schaute den ganzen Tag lustige Filme an. Meist ist es nicht das Lachen allein, das die Krankheiten heilt. Doch Lachen kann als präventive und begleitende Therapie viel zur Heilung und Gesunderhaltung beitragen. Deshalb wird Humor und Lachen auch immer mehr in die Therapie miteinbezogen.

Lachen und Lächeln erleichtert den Umgang der Menschen untereinander. Es hebt die Stimmung, lässt Wohlbefinden und Sympathie erkennen und ist ein Ventil für Stress und Ärger. Stress, Ärger und Lachen passen nicht zusammen. Die Glückshormone, die beim Lachen ausgeschieden werden, lösen Verspannungen. Auch großer Stress belastet uns nicht so sehr, wenn wir lachen, weil die Verspannungen ausbleiben.

Sogar das Sexualleben verbessert sich durch Lachen. Der gesamte Körper wird in Schwingungen versetzt. Die Organe bis zum Unterleib werden massiert. Das entspannt und die Durchblutung steigt an, auch in den Sexualorganen, was zu mehr Empfindsamkeit und zum intensiveren Erleben von Sex führt.

Ein echt lachender Mensch ist mutiger und gelassener, weniger nervös und kontaktfreudiger. Er begegnet seiner Umwelt anders, ist bei anderen beliebter und sozial erfolgreicher als ein pessimistischer Mensch. Er reagiert auch auf seine eigenen Gefühle und Bedürfnisse anders als ein pessimistischer Mensch.

Um ein Lachen auszulösen, sind mehrere Gehirnregionen beteiligt, die wie ein Schaltkreis funktionieren. Wenn eine der Komponenten aktiviert wird, dann werden alle anderen Komponenten mitaktiviert. Das Lachen sitzt im Großhirn am linken vorderen Stirnlappen nahe dem Sprachzentrum. Wenn diese Stelle gezielt gereizt wird, z. B. mit kurzen Stromimpulsen, fangen wir sofort an zu lachen, völlig grundlos. Diese Stelle ist allerdings nur der motorische Auslöser des Lachens. Die Impulse, die unser Lachen auslösen, kommen aus vielen unterschiedlichen Gehirnregionen. Wenn wir gekitzelt werden sind andere Gehirnbereiche aktiv als wenn wir die Pointe eines Witzes erfassen oder uns einfach nur freuen. Das Hören eines Witzes gelangt über das Ohr ins Hörzentrum. Von da kommt es ins Zentrum für Sprachverständnis. Dort wird es analysiert. Wenn unser Gehirn den Witz lustig findet, was eine kognitive Entscheidung ist, aktiviert es ein emotionales Areal, damit wir Glück empfinden. Danach setzt es das motorische Areal in Gang das uns lachen lässt. Im Stirnlappen und Hinterhauptlappen sind Gebiete aktiv, die dafür zuständig sind, Wörter, Metapher oder die Pointe eines Witzes zu verstehen. Im Hinterhauptlappen sitzt die Region, die die Absicht des anderen erkennt, einen Witz zu erzählen und nicht nur eine Geschichte oder ein Erlebnis. Für die emotionale Verarbeitung des Witzes ist der Mandelkern zuständig. Er löst das Gefühl der Erheiterung aus. Im Hirnstamm wird das Lachen angestoßen, indem Gesichtsmuskeln und Stimmbänder aktiviert werden, also die motorischen Komponenten, das eigentliche Lachen. Ziemlich komplex also, was sich da in unserem Denkapparat alles abspielt. Beim Betrachten von Comics oder Lesen von Witzen ist der untere Teil des Stirnlappens besonders aktiv. Wenn wir nur Gelächter hören und innerlich mitlachen, wird ein Teil im oberen Bereich des Stirnlappens angeregt. Das legt die Vermutung nahe, dass dieser Stirnlappen, der frontale Part der Großhirnrinde, den Menschen überhaupt erst klarmacht, was lustig ist.

Nach dem Lachen ist ein gutes Gefühl im Körper. Wir sind entspannt und zufrieden. Stress wird durch verminderte Produktion der Stresshormone Adrenalin und Cortisol abgebaut. Dadurch kommt es zu einem besseren und erholsameren Schlaf. Lachen ist deshalb ein gutes Entspannungstraining. Eine Minute Lachen wirkt wie ein 45-minütiges Entspannungstraining. Wir fühlen uns danach erfrischt und lebendig. Auch ein kurzes Lachen oder Lächeln wirkt wohltuend. Es reduziert negative Emotionen wie Angst, Ärger und Depressionen. Ein Mensch, der fröhlich lacht, blickt hoffnungsvoll in die Zukunft, zumindest für einen Moment.

Vermutlich haben unsere Vorfahren schon lange, bevor sie sprechen konnten, gelacht, denn das Lachen entspringt einem älteren Teil des Gehirns, welcher auch für die Steuerung urmenschlicher

Emotionen wie Angst und Freude zuständig ist. Das Sprachzentrum liegt in einer entwicklungsgeschichtlich jüngeren Hirnrinde. Es ist in der linken Gehirnhälfte. Dort erfassen wir die Worte. In der rechten Gehirnhälfte entschlüsseln wir die Satzmelodie, dort entsteht der Unterton, der dem Satz seinen Sinn gibt. Je nachdem, welche Melodie wir dem Wortlaut geben, kommt der Satz in einer anderen Bedeutung aus unserem Mund, z.B. fragend, freundlich, jammernd, ärgerlich, neutral oder lustig.

Lachen fördert die Kreativität. Durch Lachen wird das kontrollierende Denken und Handeln aufgelöst. Die geordneten Gedanken werden unterbrochen, neue Gedanken können kommen und integriert werden. Lachen kann der Beginn eines Weges aus einer scheinbar unüberwindbaren Situation sein, denn ein Hauptauslöser des Lachens ist das plötzliche Erkennen von Zusammenhängen. Wenn die Zusammenhänge einer belastenden Situation erkannt werden, dann löst sich die innere Anspannung in Form von Lachen. Beim Lachen können wir unsere tiefen Ängste und Bedürfnisse herauslassen und uns für einen Augenblick von den gesellschaftlichen Normen und sozialen Zwängen befreien. Stress löst Negatives im Körper aus, Lachen bewirkt Positives. Deshalb fühlt man sich nach dem Lachen so gut.

Das Lachen bei Männern und Frauen

„Nachdem Gott die Welt erschaffen hatte, schuf er Mann und Frau. Um das ganze vor dem Untergang zu bewahren, erfand er den Humor."
Guillermo Mordillo (1932 – 2019) - Humoristischer Zeichner

Frauen lachen anders als Männer und aus anderen Motiven. Sie haben ein anderes Humorempfinden. Der männliche Humor ist oft gröber, lauter und standardisierter. Männer neigen oft zu derberen Scherzen. Sie bevorzugen eher vorgefertigte Witze, die sie überall vortragen können. Sie setzen mit ihren Witzen gerne andere herab und zielen oft auf Schadenfreude. Ihr Witzverhalten ist oft kompetitiv, d. h., einer will den anderen mit seinem Witz übertreffen. Sie amüsieren sich oft über Witze mit mäßiger Pointe, z. B. über Blondinenwitze. Männer mussten sich als Jungen in einer Gruppe körperlich durchsetzen und ein gesteigertes Interesse am weiblichen Geschlecht haben. Deshalb erzählen sie vermutlich oft aggressive und unanständige Witze.

Männer lachen tiefer, schnaufend, rollend, grölend, grunzend und deutlich lauter als Frauen, vor allem, wenn mehrere Männer zusammen sind. Sie klopfen beim Lachen oft auf die Schenkel und machen wilde Gesten. Manchmal kommt ein gewisses Dominanzstreben Einzelner durch. Das ist wahrscheinlich ein Überbleibsel aus dem Lachen der alten Steinzeitkumpels am Lagerfeuer nach der Jagd. Männer verstärken ihr Lachen oft willentlich, was einerseits die Dominanz verstärkt, andererseits aber die Lust am eigenen Lachen erhöht. Mit herzhaftem Lachen fühlt man sich dabei. Das gemeinsame Lachen stärkt den Zusammenhalt der Gruppe und den Kooperationswillen. Männer lieben es, wenn Frauen über ihre Scherze lachen und Frauen lassen sich von Männern gern erheitern, denn für Frauen ist ein Mensch mit Humor jemand, der sie zum Lachen bringt, für einen Mann ist es jemand, der über seine Witze lacht. Schon bei den Kindern ist es so, dass Jungs eher Witze erzählen oder Klassenclown spielen und die Mädchen darüber lachen. Frauen bringen Humor bei Männern unbewusst mit Intelligenz und Dominanz in Zusammenhang. Männer produzieren normalerweise mehr Komik und Witze als Frauen. Comedy- und Kabarett-Sendung werden in der Mehrheit von Männern gemacht. Auch Cartoons und Karikaturen stammen meist von Männern.

Frauen erzählen eher kommunikative Witze. Sie sind auch spontaner. In der Evolution waren Frauen diejenigen, die Gruppen zusammengehalten haben. Deshalb legen sie auch noch heute viel Wert auf Kommunikation. Sie wollen Witze bringen, die der

Gruppe gefallen und sind deshalb vorsichtig, welche Witze sie erzählen. Frauen bevorzugen sensible Wortwitze mit guter Pointe, weil sie sich in der Gruppe mit sprachlicher Intelligenz durchsetzen konnten und sich früh für Wort- und Klangspiele interessierten. Frauen lachen, um die soziale Verbundenheit zu erhöhen und schaffen durch ihr Lachen eine angenehme Gesprächsatmosphäre. Freundliches Lächeln vor einem Gespräch führt zu einer guten Atmosphäre. Ein kurzes Lachen am Ende eines Satzes zeigt dem Partner an, dass eine Antwort erwartet wird. Wenn Unangenehmes mit einem Lächeln mitgeteilt wird, dämpft es die eventuell hochkommenden Aggressionen des Gegenübers.

Frauen lachen gedämpfter als Männer. Das hängt mit den Zeiten zusammen, in denen Frauen mit Lachen nicht auffallen durften. Bis in die Sechzigerjahre durften Frauen nicht laut lachen, denn das bedeutete eine Bindung herstellen, vulgär sein. Eine Frau war nur humorbegleitend. Wenn der Mann einen Witz machte, sagte sie z. B. „Mein Mann kann das gut."

Das Lachen der Frauen ist stimmhafter. Es kann auch kichernd, perlend oder glucksend sein. Beim Überschreiten der natürlichen Höhe der Stimmlage kann es sogar schrill und unangenehm klingen. In den Ohren der Männer klingt das Frauenlachen im Allgemeinen aber angenehm. Frauen haben beim

Sprechen eine höhere Tonlage, die sich beim Lachen noch deutlich erhöht. Männer lassen beim Lachen die Luft mit durchschnittlich 280 Schwingungen pro Sekunde entweichen, bei Frauen entweicht sie mit doppelter Frequenz. Deshalb klingt die Frauenstimme beim Lachen so viel höher. Frauen können mit ihrer hohen Tonlage bei Männern Gefühle wecken und sie sogar erregen, so dass die Männer sich ihnen emotional zuwenden. Die Tonlage wirkt auf Männer aktivierend und aufregend.

Wenn wir von jemandem angelächelt werden, bekommen wir ein wenig Endorphin verabreicht, was ein kurzes Wohlgefühl auslöst. Wenn Männer von einer Frau angelächelt werden, bekommen sie sehr viel mehr Endorphin ab. Männer lieben es, wenn Frauen sie anlächeln. Wenn eine Frau einen Mann sympathisch findet, lacht sie viel häufiger und stimmhafter als gewöhnlich. Für eine Frau ist das Lächeln des Mannes hingegen erotisch nicht so anziehend. Wenn ein Mann eine Frau aber zum Lachen bringt, dann hat sein Lachen durchaus eine anziehende Wirkung.

Wenn Frauen die Pointe eines Witzes wahrnehmen, werden in ihrem Gehirn mehr Sensoren rascher aktiviert als bei Männern. Deshalb können Frauen Humor aus hormoneller Sicht produktiver genießen als Männer.

Lachen ist ansteckend

„Das Lächeln, das du aussendest, kehrt zu dir zurück."
Indisches Sprichwort

Wenn wir einen Menschen anlächeln, lächelt dieser normalerweise zurück. Wenn wir jemanden lachen hören, müssen wir auch lachen. Selbst wenn wir ein Foto mit einem lachenden Menschen anschauen, formen sich unsere Lippen zu einem Lachen. Lachen ist also ansteckend! Das hat etwas mit den Spiegelneuronen zu tun. Spiegelneuronen sind Nervenzellen, die in einer Hirnregion lokalisiert sind, in der unsere Bewegungen erzeugt werden. Wenn wir eine Bewegung machen, z.B. uns ans Ohr fassen, wird in unserer motorischen Gehirnregion ein Netz von Nervenzellen erregt, das die Bewegung einleitet und deren ganzen Ablauf steuert. Selbst wenn wir jemandem zuschauen, der die Bewegung macht, sie selber aber nicht aktiv ausführen, wird bei uns im Gehirn der gleiche Bewegungsablauf abgebildet. So verstehen wir, was der andere tut. Die Bewegung des anderen wird in uns widergespiegelt. Deshalb der Begriff „Spiegelneuronen". Die Spiegelneuronen lösen im Gehirn des Beobachters dasselbe Aktivitätsmuster aus wie bei der handelnden Person, d. h. das Gefühl, das beim anderen auftritt, wird in die beobachtende Person hineingegeben und so kann sie z. B. das Lachen des anderen Menschen erleben. Schon beim Wahrnehmen einer lachenden Person bereiten sich automatisch die eigenen Gesichtsmuskeln darauf vor, mitzulachen. Die positiven Emotionen des Gegenübers werden ebenfalls durch die Spiegelneuronen gespiegelt und übertragen somit auch die gute Laune des Gegenübers. Meist erwidern die Menschen dann das Lächeln.

Eckart von Hirschhausen erklärt das ansteckende Lachen folgendermaßen: „Wenn man sich vorstellt, dass man als Gruppe durch den Urwald geht. Alle haben Angst, dass irgendwo ein wildes Tier auftauchen wird. Plötzlich knackt es im Gebüsch. Bei allen geht die Stressreaktion los. Blutdruck geht hoch, Muskelspannung, Kortisol, Adrenalin usw. Und dann merkt einer in der Gruppe, dass das gar kein Tiger war, der im Gebüsch das Geräusch gemacht hat, sondern ein Kind, das sich verlaufen hat. Er fängt an zu lachen, um allen in der Gruppe zu zeigen, dass alles nicht so schlimm ist, wie sie gedacht haben. ‚Entspannt euch, vertut keine unnötige Energie'. Und Lachen ist ansteckend, damit jeder, auch in der entlegensten Ecke der Gruppe, das mitbekommt. Dadurch erklärt sich auch das Phänomen, dass echtes Lachen am ansteckendsten wird, wenn es leiser wird, dann wenn der eine keine Luft mehr hat. Man lacht zuerst laut und dann wird es leiser. Dieses Leiserwerden, das ist der ansteckendste Teil. Dann setzt der nächste an, damit der Impuls erhalten bleibt." Der ursprüngliche Hauptnutzen des Lachens bestand wohl darin, dem Einzelnen die Möglichkeit zu geben, den anderen in der Gruppe mitzuteilen, dass das, was er entdeckt hat, was zuerst Angst gemacht hat, gefahrlos ist. Alle können sich entspannen. So wird Lachen zur Entspannung.

Beim Anschauen eines lächelnden Babys müssen wir automatisch lächeln. Es geht gar nicht anders. Das Babylächeln löst in uns ein starkes Zärtlichkeits- und Beschützergefühl aus. Wenn eine Mutter ihr Baby anlächelt, lächelt es zurück. Das ist Kommunikation zwischen Mutter und Kind. Lächeln und Zurücklachen ist ein sehr kräftiges soziales Bindemittel. Wenn es fehlt, wie beim Autismus, ist das eine Krankheit. Ein Baby mit frühkindlichem Autismus lächelt nicht zurück. Auch Erwachsene kommunizieren über das Lächeln. Das kann man bei jedem Gespräch beobachten. Wir lächeln jemanden an, oft unbewusst, und dieser lächelt zurück. Dieses wechselseitige Lächeln ist eine wesentliche Grundlage der zwischenmenschlichen Beziehung. Ein Lächeln schlägt die Brücke vom Ich zum Du. Wenn uns jemand ein Lächeln schenkt, können wir nicht anders als zurücklächeln.

Lachen kann bewusst oder unbewusst eingesetzt werden. Es ist sozusagen eine nonverbale Bindungssprache.
Beispiel:
Magdalena geht in die Metzgerei und sagt: „Ich möchte 100 g Salami." Die Verkäuferin gibt ihr das Gewünschte. Magdalena zahlt und geht.
Magdalena hat zwar mit der Verkäuferin gesprochen, aber sie ist keine Bindung mit ihr eingegangen, weil sie sie nicht angelächelt hat. Eine Bindung gehen wir nur mit einem Lächeln ein. In einer Gruppe entsteht deshalb nur ein Gemeinschaftsgefühl, wenn innerhalb der Gruppe gelächelt und gelacht wird. Das Lachverhalten ist wichtiger als Worte.

Wenn wir mit anderen zusammen sind, werden wir oft zum Lachen animiert bei Gelegenheiten, in denen wir allein nicht oder kaum lachen. Wenn wir uns z. B. eine Comedy-Sendung alleine anschauen, finden wir diese nicht so witzig wie wenn wir dieselbe Sendung mit anderen Menschen zusammen anschauen. Manchmal zappen wir sogar weiter, weil es langweilig ist. Es reizt uns nicht zum Lachen. Die Scherze einer Comedysendung sind oft auch gar nicht so überwältigend, trotzdem lacht das Publikum begeistert. Das liegt daran, dass jeder Mensch im Publikum schon von vornherein mit der Erwartung in die Vorstellung geht, erheitert zu werden. Allein schon diese große Erwartung hebt die Stimmung und senkt die Lachschwelle im Publikum. Die gegenseitige emotionale Ansteckung verstärkt das entstehende Lachen noch zusätzlich. Deshalb haben oft auch nicht so tolle kabarettistische Vorstellungen Erfolg.

Die wenigsten Menschen lachen, wenn sie allein sind. Aber in einer fröhlichen Gesellschaft werden sie vom Lachen angesteckt. Es ist eine emotionale Ansteckung oder Gefühlsübertragung. Die gute Laune der anderen geht auf uns über. Unter Alkoholeinfluss überträgt sich das Lachen noch schneller. Als ich meinen jugendlichen Neffen einmal fragte, warum er Alkohol trinke, sagte er: „Wenn ich Alkohol trinke, sind meine Hemmungen weg, dann kann ich lustig sein." Unter Alkohol wird das Lachen im Gehirn tatsächlich nicht mehr so stark gehemmt. Deshalb trägt Alkohol zur Erheiterung bei. Die Lachschwelle sinkt und die Heiterkeit überträgt sich leicht auf die anderen. Positive Gefühle wie Fröhlichkeit und Lachen stärken den sozialen Zusammenhalt. Trotzdem ist bei Alkohol Vorsicht geboten.

Lachen und Humor

*„Witz ist Schaum an der Oberfläche,
Humor die Perle aus der Tiefe."*
Peter Sirius (1858 – 1913)
Gymnasialprofessor, Dichter und Aphoristiker

Humor ist viel mehr als nur Spaß haben. Humor ist die Basis für eine emotionale Reaktion, nämlich den Zustand von Erheiterung, der sich dann in Lachen oder Lächeln äußert. Menschen mit Humor sind flexibel und können ihr Leben kreativ gestalten. Sie können Schwierigkeiten gelassener betrachten, Stress besser bewältigen, allen Dingen eine komische Seite abgewinnen und das Absurde an täglichen Situationen entdecken. Sie besitzen Mut und können über sich selber lachen. Die Gabe des Humors kann gefördert und therapeutisch genutzt werden.

Humorvolle Menschen nehmen selten etwas übel und nehmen sich auch selber mal auf den Arm. Lebendigkeit, Begegnung und Freiheit stehen bei ihnen an erster Stelle. Sie schätzen es wert, wenn die anderen spontan und neugierig sind und sich freuen, am Leben zu sein. Humor schafft Raum und Stimmung dafür, mit dem Leben verbunden zu sein, am Leben teilhaben zu dürfen.

Wir Erwachsene sollten unsere Unbekümmertheit der Kindheit nicht verlieren oder wenn wir sie schon verloren haben, sollten wir sie unbedingt wieder zurückholen. Humor kann entstehen, wenn wir die Dinge ohne Wertung sehen können. Ein freies Lachen auslösender Humor lässt die Welt sofort in einer ungetrübten Lebenshaltung sehen, wenn auch nur kurzfristig. Und wenn wir die eigene Lebendigkeit spüren, lächeln wir sofort, es sei denn, wir haben Angst vor der eigenen Lebendigkeit.

Menschen mit der Grundstimmung Humor brauchen keinen Auslöser, um lustig zu sein. Sie sind einfach gut drauf. Ein heiterer Mensch ist ein zufriedener Mensch. Er ist mit der Welt im Einklang und blickt optimistisch in die Zukunft. Er braucht keine lebhafte laute Fröhlichkeit, seine Fröhlichkeit ist nach innen gerichtet. Die Heiterkeit kann sich aber zur Fröhlichkeit und Freude steigern und dann nach außen getragen werden. Diese Fröhlichkeit steckt die anderen Menschen an.

Ein humorvoller Mensch hat auch Sorgen und Probleme, aber sie stehen bei ihm nicht im Mittelpunkt. Er ist in der Lage, einen Perspektivenwechsel einzunehmen und so anders damit umgehen. Er kann dem Unangenehmen, das ihm begegnet, eine kleine heitere Seite abgewinnen. Im Extremfall ist das Galgenhumor.

Beispiel:
Ein Krebskranker, der nicht weiß, ob er den Krebs überlebt, macht sich große Sorgen und bekommt Angst, dass er sterben wird. Lacht oder ironisiert er die Angst vor dem Sterben, dann schafft er sich eine heilsame Distanz.

Wenn uns etwas Angst macht und wir lachen darüber, verliert es kurzfristig seinen Schrecken. Lachen ermöglicht eine gefühlsmäßige Befreiung. In diesem Zusammenhang entwickelt man einen Sinn für das Absurde im Leben. Das schützt auch vor Stress. Lachen kann Ohnmachtsgefühle, die durch Krankheit, Alter oder Alltag bedingt sind, kurzzeitig auflösen, man vergisst die Gefühle einfach, nach dem Motto: ‚Die Lage ist katastrophal, aber wir nehmen sie keineswegs ernst.' Ein humorvoller Mensch begegnet den alltäglichen Schwierigkeiten und Missgeschicken mit heiterer Gelassenheit.

Humorvolle Menschen bringen andere Menschen zum Lachen. Lachen hilft, die alltäglichen Dinge besser zu bewältigen. Vor allem bei Konflikten und Misserfolgen hilft der Humor. Humor ist auch ein wichtiges Ventil, Aggressionen umzuleiten. Ernst und Depression sind das Gegenteil von Heiterkeit und Humor. Ernst unterdrückt die Heiterkeit, Depression lässt sie verschwinden. Lassen wir es nicht so weit kommen.

Menschen mit Humor haben eine lebensbejahende Einstellung und stecken die andern damit an. Sie nehmen Informationen, Reaktionen und andere Wahrnehmungen im Zustand der Freude wahr und empfinden sie deshalb als angenehm und auch als intensiver: die Sonne strahlt heller, der Partner sieht schöner aus, usw. Diese Energie strahlen sie aus und geben sie wieder an ihr Umfeld ab. Menschen, die positiv denken, haben echte Lust auf Freude, Genuss und Leichtigkeit. Dadurch werden sie toleranter, gelassener und freizügiger. Freude ist eine Liebeserklärung an das Leben. Sich in negativen Gedanken zu verlieren lohnt sich nicht. Besser ist es, positive Gedanken und schöne Gefühle zu haben.

Richtige Freude entsteht, wenn wir uns für etwas total begeistern, neugierig werden, über Dinge staunen und dankbar für alles sind. Enthusiasmus, Optimismus, Neugier, Staunen, Dankbarkeit und Humor kann man trainieren. Ich habe diese Fähigkeiten während meiner Clownausbildung gelernt, denn genau das macht ein Clown. Je mehr wir gezielt trainieren, unser Leben positiv und humorvoll zu gestalten, desto mehr polt unser Gehirn von Schwermut und Frustration auf Leichtigkeit und gute Laune um. Das steigert die Lebensqualität und Lebenszufriedenheit enorm. Wenn wir glücklich und zufrieden sind, öffnet sich unser Herz und wir lernen die echten Glücksgefühle kennen.

Wir sollten uns mehr mit humorvollen Menschen umgeben, über uns selber lachen und Lebensfreude entwickeln. Albert Einstein sagte einmal: „Ein Wissenschaftler, der keinen Humor versteht, wird es nie zu etwas bringen. Sie glauben gar nicht, wie viel Spaß mir mein Scheitern macht!" Mehr über das Scheitern im Kapitel „Der Clown".

Lachen und glücklich sein

*„Nicht die Glücklichen sind dankbar.
Es sind die Dankbaren, die glücklich sind."*
Francis Bacon (1561 – 1626)
Philosoph, Jurist, Staatsmann, Wegbereiter des Empirismus,

Dankbare Menschen führen ein gesünderes und stressfreieres Leben. Dankbarkeit führt zu mehr Zufriedenheit und Optimismus. Das Geheimnis zu einem dankbaren Leben besteht darin, mit Schicksalsschlägen fertig zu werden, nicht mit ihnen zu hadern, sondern sie als Teil des Lebens zu akzeptieren. Wenn wir an eine schwierige Situation von früher denken, können wir heute dankbar sein, dass wir die damalige Schwierigkeit überwinden konnten und gestärkt und weiser daraus hervorgegangen sind. Auch wenn wir ab und zu wieder einen Rückschlag haben, in alte Denkmuster oder Verhaltensweisen zurückfallen, dann müssen wir auch dankbar sein, weil sie sich uns noch einmal zeigen und bewusst werden, bevor sie sich ganz verabschieden.

Dankbare Menschen wissen, dass sie es nicht allein soweit geschafft haben. Sie möchten dann Zeit mit der Person verbringen, die ihnen geholfen hat. Oft ist es für sie der wichtigste Mensch in ihrem Leben. Durch Dankbarkeit knüpfen sie oft tiefe emotionale Verbindungen mit dem geliebten Menschen und zeigen so dem anderen offen, wie sie über ihn denken. Dieses tiefe Gefühl der Dankbarkeit übertrifft sogar das Gefühl der Freundschaft.

Dankbare Menschen bedanken sich auch für Kleinigkeiten. Kleinigkeiten zu schätzen macht glücklich. Und glücklich sein ist der Weg zum Glück. Sogar die englische Königsfamilie hat ihr Glück im Kleinen gefunden. Prinz William und Herzogin Kate haben sich einen schönen heimeligen Garten angelegt, den sie selber pflegen und in dem ihre Kinder in der Natur spielen können. Ihr sechsjähriger Sohn, Prinz George, sammelt Kleinigkeiten aus aller Welt, wie Schneckenhäuser, Steine usw., Dinge aus der Natur. Und das macht ihn glücklich, nicht das große Königshaus und die teuren Geschenke. Wir brauchen nicht große Dinge um glücklich zu sein. Freuen wir uns doch über kleine Dinge und Augenblicke. Wir müssen dankbar sein für alle schönen Augenblicke und bewusst das Motivierende, Aufbauende, Verrückte und Witzige in Situationen und Tatsachen suchen.

Reichtum ist nicht der Weg zum Glück. Viele Multimillionäre und Stars sind depressiv und traurig, auch wenn sie sich nach außen anders zeigen. In ihrem ganzen „Glück" sind sie innerlich einsam und leer. Arme Kinder hingeben sind innerlich so zufrieden und für jedes Stückchen Brot dankbar. Ein

Mann, Mitte fünfzig, der ein eigenes großes Geschäft und Haus gehabt hatte und durch ein unglückliches Ereignis alles verloren hatte, sagte zu mir: „Für mich war es schlimm, all das zu verlieren. Ich war ein großer Geschäftsmann, hatte viel Geld. Nun ist alles weg. Ich lebe jetzt in einer kleinen Wohnung, habe nur das Nötigste zum Leben, aber ich habe gelernt, zufrieden zu sein. Und seither geht es mir gut. Ich brauche den Reichtum nicht mehr." Zufriedenheit macht glücklich. Glück kann man nicht kaufen. Es ist gratis. Aber wir müssen es suchen. Und wir finden es nicht im außen, sondern in uns drin. Und nur dort.

Wenn ich in ein strahlend lachendes Kindergesicht schaue, macht mich das glücklich. Ich kann so viel in dem Kindergesicht lesen: Spaß, Freude, Liebe, Glück, Unbekümmertheit, Mut, Stolz, und Begeisterung. Wenn ich neben einem glücklichen Kind stehe, dann spüre ich die hohe positive Energie des Kindes. Diese Energie fühlt sich anders an als die Energie eines Erwachsenen. Sie ist unbekümmert, bedingungslos und voll von Urvertrauen. Kinderlachen erfreut das Herz, macht glücklich und regt zum Lachen an.

Oft verblasst unser Lachen und wir fühlen uns nicht mehr glücklich, weil es zu viele Probleme gibt. Wir verlieren uns in diesen Problemen. Durch das ständige Onlinesein können wir uns nicht mehr auf uns konzentrieren, was wir eigentlich brauchen. Wir werden von, meist negativen, Informationen überflutet und so ersetzen Ängste und Sorgen unsere kindliche Unbekümmertheit. Freude und Lachen verschwinden so immer mehr.

In unserem Leben werden immer wieder Probleme auftreten, die uns Stress bereiten und die gelöst werden müssen. Dankbarkeit ist ein bewährtes Mittel gegen diesen Stress. Und wenn wir dankbar sind, können wir etwas annehmen und auch verändern. Um glücklich zu sein, müssen wir auch frei sein und uns von der Vergangenheit, von den belastenden Ereignissen lösen. Wir müssen unsere blockierenden Gedanken und Gewohnheiten ändern und uns die vielen positiven Ereignisse, die es gibt, bewusst machen. Und das ermöglicht uns das Lachen, weil wir dann den nötigen Abstand zu den belastenden Ereignissen bekommen. Menschen, die im Alten hängenbleiben, machen das meist, weil es ihnen vertraut ist. Auch wenn sie sich damit nicht wohl fühlen, es ist vertraut und gibt Sicherheit. Das Neue macht Angst. Es gehört Mut dazu, das Neue zu wählen und frei zu sein.

Oft sind wir nicht glücklich, weil wir die Dinge nicht so sehen, wie sie sind, sondern so, wie wir sind. Sobald wir in eine andere Verfassung kommen, erscheinen uns die Dinge plötzlich in einem ganz anderen Licht. Als ich heute nach einem Spaziergang bei 3° C in den Lidl ging, um noch etwas einzukaufen, dachte ich: „Warum ist es hier drin so warm? Das Gemüse verdirbt ja. Im Sommer ist es doch immer ganz kühl in den großen Einkaufsmärkten." Doch nach einem kurzen Augenblick wurde mir bewusst, dass es in dem Laden die gleiche Temperatur hat wie im Sommer, dass es sich nur so warm anfühlt, weil ich von der Kälte draußen komme. Deshalb hatte ich ein ganz anderes Empfinden.

Lachen und Humor sind Grundeigenschaften des Menschen, die jedem offen stehen. Wenn ich durch die Welt laufe, sehe ich immer mehr Menschen mit diesem leeren Blick, diesem „Digitalisierungsblick" wie ich ihn nenne. Es ist ein nichtssagender Blick, hinter dem im Kopf aber tausend Gedanken zu kreisen scheinen und doch eine totale Leere herrscht. Die schnelllebige Zeit lässt viele Menschen nicht mehr zur Ruhe kommen. Die Menschen wollten durch die Technik mehr Zeit gewinnen, doch das Gegenteil ist eingetreten. Je mehr Technik ein Mensch hat, desto weniger Zeit hat er. Er hängt an seinem Handy und treibt sich in sozialen Netzwerken rum. Man will ja nichts verpassen. Auch die Kommunikation hat vor der Schnelligkeit nicht Halt gemacht. Sie ist sehr knapp geworden. Schriftliche Mitteilungen bestehen oft nur noch aus Abkürzungen, z. B. hdl = Hab dich lieb. Aber wenn ich einen Menschen wirklich lieb habe, dann nehme ich mir auch die Zeit, mich mit ihm zu beschäftigen und wenn es nur ist, dass ich die Worte ausschreibe. Der Mensch ist mir das wert. Den Hörer in die Hand zu nehmen und mit meinem Gegenüber zu sprechen nimmt immer mehr ab. Beim Telefonieren bekommt das Gegenüber die Gefühle des Sprechenden mit, im Gegensatz zur schriftlicher Konversation. Die Schnelligkeit ist zu einer Lebenseinstellung geworden. Wir haben zu nichts mehr Zeit und das nimmt uns die Freude, die Unbeschwertheit. Wir sind nicht mehr bei uns selber, genießen nichts mehr richtig, wir sind immer in Hektik, in Unruhe. Wir nehmen die anderen Menschen nicht mehr so richtig wahr und uns selber auch nicht. So können wir nicht glücklich sein. Da brauchen wir uns nicht zu wundern, dass das Lachen immer mehr nachlässt.

Um fröhlich zu sein, benötigt der Mensch bestimmte Botenstoffe. Mit Bewegung an frischer Luft, also durch Sonnenlicht und sportliche Betätigung wird die Serotoninproduktion angekurbelt. Das Abbauprodukt des Serotonins ist das Melatonin. Es sorgt für einen erholsamen Schlaf. Und das Dopamin beeinflusst das limbische System im Zwischenhirn positiv und motiviert uns, Dinge zu tun, die uns glücklich machen. Es ist für die Vorfreude verantwortlich. Vorfreude ist bekanntlich die schönste Freude und völlig unabhängig von der Qualität des Ereignisses.

Das Hormon Oxytocin ist unser Kuschel-, Sex-, Liebes-, oder Treuehormon. Dieser Botenstoff hilft nicht nur mit, ein Kind zu gebären oder zu stillen, sondern wird auch beim Orgasmus vermehrt produziert. Oxytocin macht glücklicher. Man kann sich sogar glücklich streicheln, denn sanfte Berührungen fördern die Freisetzung von Oxytocin. Noch größere Wirkung hat es natürlich, wenn eine andere Person sanft über unsere Haut streichelt. Streicheleinheiten machen nicht nur froh, sie fördern auch die Paarbindung, machen also treu. Auch eine von Herzen kommende feste Umarmung oder ein Kuss setzen Glückshormone frei. Die Sprache, deren sich unser Körper bedient, ist nun mal jene von Hormonen und Nervenimpulsen.

Nachfolgend eine schöne Geschichte über das Glück und die Freude aus einer „fremden Feder".

Das Glück und die Freude

Eines Tages begegneten sich das Glück und die Freude zufällig auf der Straße. Das Glück schillerte in allen Farben und wusste sich prächtig zu präsentieren. Es zog jede Menge Leute an, die ihm in Scharen folgten: Glücksritter, Lottospieler, Pechvögel mit großer Hoffnung, das Glück endlich zu erreichen, Gaukler, Mitläufer und Statisten, ein buntes Sammelsurium. Das Glück schillerte, lachte, sang und rief laut. „Kommt her! Hier findet ihr mich!"

Die Freude kam eher unscheinbar daher. Sie kleidete sich in ein taubengraues Gewand, lächelte still vor sich hin und summte ab und zu leise eine kleine Melodie.

„Ich", sagte das Glück voller Stolz, „bin reich und bin zu beneiden. Mir folgen die Leute. Du dagegen, schau dich doch an. Ganz allein gehst du deines Weges".

„Ach", sagte die Freude, „das ist schon in Ordnung. Wer mich sucht, wird mich finden. Ich brauche keine Gefolgsleute. Es reicht, dass ich da bin, dass es mich gibt".

„Das glaubst du doch wohl selbst nicht", lachte das Glück die Freude aus. „Wenn dir niemand folgt, wie willst du dann wissen, dass du überhaupt existierst?"

„Ich bin", antwortete die Freude, „denn sonst könnten wir jetzt nicht miteinander reden."

„Und wenn schon!" tönte das Glück. „Gefolgschaft ist alles! Je mehr Leute mir folgen, desto besser. Bei mir spielt die Musik! Hier ist immer was los!"

„Wie lange werden sie dir folgen?" fragte die Freude. „Ist es nicht so, dass sie sich von dir abwenden werden, wenn du dein Gesicht vor ihnen verbirgst? Noch haben sie die Hoffnung, dir zu begegnen und dich zu ergreifen. Doch auch die Hoffnung wird eines Tages sterben, und du wirst allein sein."

„Na und? Lasst uns den Tag leben, so wie er kommt! Jetzt lachte das Glück! Was morgen ist, ist doch egal!"

„Wenn du dich da mal nicht täuschst", sagte die Freude leise. „Was bleibt denn, wenn du nicht mehr da bist? Unglück? Pech?

Katastrophen? Ich, die Freude, werde all das überdauern".

„Unsinn" konterte das Glück. „Ich bleibe auch da. Auch wenn ich vielleicht nicht aktiv bin. Oder ich bin grade woanders und bringe jemand anderem Glück".

„Bist du nicht von vielen äußeren Faktoren abhängig?" fragte die Freude. „Die Leute sagen ‚oh wir haben Glück, denn die Sonne scheint' oder ‚ich hatte Glück, ich habe in der Lotterie gewonnen'. Doch wie gewonnen, so zerronnen. Ist es denn ein Unglück, wenn die Sonne mal nicht scheint, sondern es regnet? Ist der Regen nicht ein Glück für die Landwirtschaft? Ist es denn ein Unglück, wenn das Los, das du in der Lotterie gezogen hast, eine Niete ist? Ist deine Niete nicht ein Glück für den Lotteriebetreiber?"

„Quatsch" sagte das Glück „du willst mich nur durcheinander bringen". Aber es sah schon viel unsicherer aus den Augen und sein Schillern ließ ein wenig nach.

„Ich", sagte die Freude „bin da, auch im Unglück. Ich kann einen Menschen trösten, wenn er äußerlich gesehen kein Glück hat. Ich mache den Menschen Mut, wenn sie verzweifelt sind. Manchmal bin ich nur wie ein ganz kleiner Funke. Man übersieht mich gerne in meinem grauen Kleid, mit meiner leisen Stimme und meinem stillen Lächeln. Aber ich bin da. Ganz tief drinnen, im Inneren des Menschen. Wenn der Mensch still wird und sich auf mich besinnt, wird er mich entdecken. Er wird mich entdecken im Lachen eines Kindes, in den Worten eines Liedes, in den Farben einer Blume am Wegrand. Er wird mein Lächeln sehen, und wenn er mich eine Weile anschaut, wird er selbst beginnen zu lächeln. Er wird mich leise meine Melodie summen hören, und wenn er eine Weile zuhört, wird er ebenso leise in meine Melodie einstimmen. Er mag nach außen hin weiterhin unglücklich und grau erscheinen. Nichts Schillerndes von dir, dem Glück, wird an ihm sein. Und dennoch wird mein Lächeln aus ihm heraus leuchten und meine Melodie aus ihm heraus klingen. Das wird viele Menschen erreichen und berühren."

Das Glück wusste, wann es sich geschlagen geben musste. Es wurde ganz still, drehte sich um und ging leise davon. Doch bevor es den ersten Schritt tat, schaute es noch ganz schnell der Freude ins Gesicht. Es öffnete seine Ohren weit für die leise Melodie, und es öffnete sein Herz. So ging die Freude mit, als das Glück weiter seines Weges zog.

© Regina H.

Werdet wie die Kinder

„Tiere und kleine Kinder
sind der Spiegel der Natur."
Epikur von Samus (341 v. Chr. – 270 v. Chr.)
Philosoph, Begründer des Epikueismus

Tiere und kleine Kinder spielen sehr viel. Wenn man junge Tiere beim Spiel beobachtet, sieht man sofort, dass sie Freude daran haben. Sie lernen im Spiel. Eine Löwenmutter stupst z. B. ihre kleinen Babys aufeinander, so dass sie im Spiel lernen, wie später gebissen wird oder die Katzen kugeln sich miteinander. Das Spiel ist der kreativste Moment.

Ein Tier geht seinem Spieltrieb nach. Aber genauso macht es ein kleines Kind. Ein Kind lernt die Welt durch seine Sinne und das Spiel kennen. Der Spieltrieb ist eine innere Motivation, die zunächst zu einer Spannung führt und danach zu einem Lustgefühl. Ein gutes Beispiel ist das Fange-Spiel. Wenn ein Kind von einem anderen Kind verfolgt wird, ist erst einmal Spannung da. Der Fänger droht dem Gejagten, er verfolgt ihn und muss schnell auf die unerwarteten Körperbewegungen oder auch plötzliches Abbiegen des Verfolgten reagieren. Es ist immer unerwartet, aber harmlos, ohne Gefahr. Es passiert nichts, auch wenn mal falsch reagiert wird. Bei einer richtigen Reaktion kommt es zu einem Lustgewinn, mit Lachgeräuschen.

Spiele sind lustig, weil immer wieder Situationen auftreten, auf die man sofort reagieren muss. Beim Spiel bereiten wir uns auf das Unerwartete vor. Im Spiel gibt es immer Überraschungsmomente. Wir wissen nie, wie es verlaufen wird. Und immer ist Abenteuer mit im Spiel. Selbst bei Spielen wie Skat, Fußball, Schach usw. besteht gewissermaßen eine Lust am Ungewissen. Es gilt, auf das Unvermutete schnell und richtig zu reagieren. Und das bringt Freude. Spielen bereitet Lust. Der Lustgewinn ist der Antrieb. Wir können mit oder ohne Hilfsmaterial spielen und dabei völlig vom Spiel gefangen sein. Das Spiel ist hier Ausdruck der angeborenen Neugierde, deren Befriedigung Lust verschafft. Die Spielfähigkeit und Spielbereitschaft entsteht spontan aus uns heraus und die Freude am Spiel erzeugt Lachen. Spiel verbindet und löst. Durch das Spiel benutzen und entwickeln wir unsere Fantasie und Vorstellungskraft.

Leider hat das Spiel im Leben der Erwachsenen an Bedeutung verloren. Kindern hilft das Spiel, mentale und kommunikative Fertigkeiten zu entwickeln und Erwachsenen hilft es, diese wieder zu entdecken. Spielen bringt uns alle zusammen und ermöglicht uns, uns für eine kurze Zeit von den aktuellen belastenden Dinge frei zu machen und uns eine Pause zu gönnen. Ganz besonders in unserer jetzigen schnelllebigen Zeit sind die Pausen und lustvollen Momente so wichtig. Wir Erwachsene sollten uns von dem Spieltrieb der Kinder anstecken lassen. Spielen wir doch einfach mit den Kindern gemeinsam und erleben so das Unbeschwerte des echten Spiels im Hier und Jetzt.

Kinder leben im Hier und Jetzt. Sie haben Spaß am und im Sein. Es tut so gut, unbeschwerten Kindern zuzuschauen, wie sie spielen, wie sie aus allem Möglichen ein Spielzeug zaubern, sofern sie nicht alles vorgefertigt von uns vorgelegt bekommen. Beim Spielen, Scherzen und Herumalbern blenden sie alles aus. Sie sind ganz in der Tätigkeit versunken. Sie spielen, egal, wie lange es dauert. Es wird nicht auf die Uhr geschaut. Nur die Freude ist wichtig. Kinder gehen auch spielerisch, neugierig, kreativ und humorvoll mit den unangenehmen Sachen im Alltag um. Wir sollten sie viel öfter beobachten und ein wenig von ihrer freudigen Leichtigkeit abschauen, uns von der Lebensfreude der Kinder anstecken lassen, den Spaß am Fröhlichsein wieder entdecken.

Ein Kind lacht am Tag im Durchschnitt 400 mal, ein Erwachsener nur ca. 15 mal. Das hängt u. a. damit zusammen, dass das Kind die Welt mit anderen Augen sieht. Für ein Kind ist die Welt neu, das sorgt für Überraschungen. Für ein Kind kann jeder neue Gegenstand oder jede neue Handlung eine Überraschung sein und Überraschungen, sofern sie als harmlos eingestuft werden, veranlassen es zu lachen. Wenn es merkt, dass das Neue weder schlimm noch bedrohlich ist, lacht es aus Erleichterung. Das lässt den Adrenalinspiegel sinken und sorgt dafür, dass die Anspannung abfällt. Wenn z. B. der Mutter der Kochlöffel runterfällt, lacht das Kind. Wir Erwachsene lachen nicht, weil wir die Situation schon oft erlebt haben. Wir kennen das schon. Aber auch für uns gibt es neue Dinge im Alltag zu entdecken. Wir müssen nur unsere Augen offen halten und mit kindlicher Neugierde durch die Welt gehen, dann entdecken wir auch neue Dinge, die schon lange um uns herum sind, die wir aber noch nie bewusst wahrgenommen haben, weil wir nie im Staunen waren.

Kleine Kinder leben noch ganz nah an der Freude, am Leben zu sein. Nicht nur viele von uns Erwachsene sondern auch viele größere Kinder haben diese Lebensfreude verloren. Im Kindergarten hört man noch fröhliches Lachen, in der Grundschule wird es schon weniger und in den weiterführenden Schulen bleibt es oft ganz aus, vor allem im Gymnasium. Eine Mutter sagte einmal zu mir: „Mein Kind lacht nicht mehr, seit es auf dem Gymnasium ist." Die meisten Kinder auf dem Gymnasium haben keine Zeit mehr zum Spielen. Sie stehen sehr stark unter Leistungsdruck und das wirkliche Leben geht an ihnen vorbei.

Kleine Kinder haben einen besonderen Zugang zur Welt. Sie leben nach dem Lustprinzip und sind sehr spontan und direkt. Spontan kriegt man ein Küsschen auf die Wange, spontan umarmen sie uns oder kuscheln mit uns. Kinder drücken ihre Gefühle direkt aus, offen, kraftvoll und unverfälscht. Wir Erwachsene machen vieles nur, weil wir denken, dass die anderen es erwarten oder wir unterdrücken Gefühle, weil wir meinen, dass diese jetzt nicht sein dürfen. Ein Kind macht das, was ihm gerade in den Sinn kommt. Leider wird es von uns Erwachsenen oft zurechtgewiesen, so dass es die Spontanität mit der Zeit verliert.

Kinder lösen Emotionen aus. Sie bringen uns zum Staunen und zum Lachen. Und wenn sie uns mit ihren großen glänzenden Augen anschauen, entsteht in uns das beglückende Gefühl, für diesen kleinen Menschen etwas Besonderes zu sein. Kinder knüpfen liebend gerne Kontakte, schneller, als wir schauen können. Ihnen ist egal, woher jemand kommt, welche Sprache er spricht oder welche Kleidung er trägt. Sie schenken auch Fremden ein Lächeln und gehen vorurteilslos auf andere zu. Sie sehen das Gute im Gegenüber. Die Offenheit der Kinder schlägt das Misstrauen der Erwachsenen.

Kinder feiern kleine Erfolge. Sie sind stolz darauf, etwas selber schaffen zu können, z. B. den Schnürsenkel ganz alleine binden zu können, ohne

Stützräder Fahrrad zu fahren usw. Sie haben auch keine Scheu, uns davon zu erzählen und sich dafür loben zu lassen, weil sie wissen, dass es ihnen gut tut. Ein Kind weiß, was es braucht und holt sich das, sofern wir Erwachsene es nicht daran hindern.

Kleine Kinder haben ein Licht in sich. Sie sehen die Welt ganz anders als wir. Sie wissen, wie das Leben angenehm gemacht wird, wie es zu leben ist. Sie leben ihre Freude. Machen wir es ihnen nach, nehmen wir sie als Beispiel. Jesus hat gesagt: „Wenn ihr nicht werdet wie die Kinder, werdet ihr nicht in das Himmelreich eingehen."

Jedes Lachen ist anders

„Wer morgens dreimal schmunzelt, wenn's regnet nicht die Stirn runzelt, und abends lacht, so dass es schallt, wird hundertzwanzig Jahre alt"
Deutsches Sprichwort

Lachen verbindet alle Menschen über alle Kulturkreise hinweg miteinander. Es ist eine Art Universalsprache, eine Sprache, die allen Menschen auf der ganzen Welt geschenkt ist, die wir nicht lernen müssen. Obwohl wir alle diese eine Sprache verstehen können, hat doch jeder Mensch seine eigene Lachsprache. Bei jedem Menschen sind die Art, die Melodie, die Frequenzverteilung und der Atemrhythmus ein bisschen anders. Jeder Mensch hat sein eigenes, individuelles Lachgeräusch, das für ihn charakteristisch ist und das er je nach Situation anwendet. Wir schmunzeln, lächeln, giggeln, jauchzen, schnauben, feixen, johlen, kichern, brüllen. Wir lachen versteckt und offen, falsch und echt. An der Mimik und am jeweiligen Geräusch kann man bestimmen, um welche Art des Lachens es sich handelt und welche Person lacht.

Da ist das Relexlachen des Babys, das einfach nur um Schutz bittet. Es wird später von dem bewussten Lachen abgelöst und im Laufe des Lebens entwickeln sich viele verschiedene Arten von Lachen, die teilweise ineinander übergehen. Eine zarte

Variante des Lachens ist das Lächeln. Es geschieht geräuschlos und entsteht meist aus einem Impuls des Gefühls, oft aber auch, wenn zwei Menschen sich anschauen. Eine weitere Art ist das schnelle, stoßweise Lachen, das sogenannte Kichern. Es ist ein albernes Gelächter in hohen Tönen. Kicherer lachen über Dinge und Situationen, die andere nicht lustig finden. Das geschieht oft bei Pubertierenden, vor allem bei pubertierenden Mädchen. Das Grinsen ist ein breiteres Lächeln. Es ist ein schadenfrohes, urteilendes, aber auch freundliches Lächeln mit Hintergrundgedanken. Ist das Grinsen abgeschwächt, spricht man von Schmunzeln. Man schmunzelt über etwas oder jemanden. Das geschieht aus Toleranz, Liebe oder Gutmütigkeit. Schmunzeln macht man meist für sich allein, im Innern. Es ist für die anderen aber sichtbar, weil der Mund ganz leicht verzogen wird. Beim Grunzen lachen wir durch den Mund während wir beim Schnauben durch die Nase lachen.

Ein Lachen aus Freude hört sich anders an als Lachen aus Verlegenheit, Nervosität, Triumph, Schadenfreude oder Spott. Im Vergleich zu anderen Lacharten ist die Ausgangstonhöhe des höhnischen Gelächters ziemlich tief. Akustisch kann man auch unterscheiden, ob die Schadenfreude aus Freude oder Hohn geschieht. Die Freude am Missgeschick des anderen zeigt, dass der Lacher überlegen ist. Lautes, stimmhaftes Lachen kann positive

Gefühle auslösen. Manche Menschen lachen laut, nur um die Aufmerksamkeit auf sich zu ziehen. Wenn das Lachen laut aus uns herausströmt, ist es oft unkontrolliert. Es ist dann keine seelische Regung, sondern eher ein Platzen und ist nicht mehr steuerbar.

Wenn wir lachen, es aber im Moment nicht angebracht ist, versuchen wir, das Lachen aus Höflichkeit zu unterdrücken. Wir glucksen. Das ist ein leises dunkel klingendes Lachen. Eine weitere Form des unterdrückten Lachens ist das Prusten. Hier landet die Luft, die eigentlich das Lachen erzeugen sollte, in der Nase. Das entweichende Prusten erregt Aufmerksamkeit, obwohl wir diese vermeiden wollten. Gackerer hört man überall heraus. Gackerer ziehen die Aufmerksamkeit sofort auf sich.

Beim ansteigenden Lachen fangen wir ganz diskret an zu lachen und steigern bis zum schallenden Gelächter. Diese Art des Lachens ist hochansteckend. Es wird tief aus dem Bauch heraus gelacht. Durch das schallende Gelächter ziehen wir die volle Aufmerksamkeit auf uns. Wenn jemand beim Lachen Tränen über die Wangen laufen, zeigt das, wie die Person sich wirklich fühlt. Tränenlachen ist absolut ehrliches Lachen. Wir weinen beim Lachen, wenn wir glücklich sind, weil der Hypothalamus in unserem Gehirn nicht zwischen Freude und Traurigkeit unterscheiden kann.

Keuchendes Lachen hört sich wie eine schlimme Bronchitis an. Das kann passieren, wenn Menschen, die normalerweise lauthals lachen, sich zurückhalten.

Bei ernsten oder demütigen Menschen lachen nur die Augen. Die Mundwinkel gehen zwar nach oben, aber sie geben keinen Ton von sich. Beim freudlosen Lachen ist der Mund weit aufgerissen, aber an den Augen sieht man keine Lachfältchen. Freudloses Lachen ist falsches Lachen. Das Lachgeräusch wird nur gemacht, um nicht unhöflich zu erscheinen.

Lachen hat aber nicht immer etwas mit Freude und Erheiterung zu tun. Wir lachen häufig bei ganz normalen Gesprächen, bei denen es nur um Banalitäten geht. Das sind dann meist kleine Lacher, die meist nicht bewusst gesetzt werden. In einem zehnminütigen Gespräch kommt es etwa sechsmal zu solchen Lächeleinlagen, die sich die beiden Gesprächspartnern teilen. In bestimmten Sätzen werden immer wieder unbewusst Lächeleinlagen eingestreut, um dem Gesprächspartner zu signalisieren, dass man seine Äußerungen verstanden hat, einverstanden ist oder nicht. Dieses Lächeln hat dann eine ähnliche Funktion wie Gesprächspartikel, z. B. mhm, ah, jaja, mmh, ist aber noch vielseitiger und intensiver.

Jeder Satz kann mit einer bestimmten Sprechmelodie, Gestik und Mimik ausgedrückt werden. Wir können etwas begeistert ausrufen, aber auch traurig oder ärgerlich. Das Lachen beim Gespräch kann auch ein Ausdruck von Unsicherheit, Verlegenheit oder Unterwürfigkeit sein. Meist ist es dann nur ein Lächeln, welches den Gesprächspartner in seinem Überlegenheitsgefühl nur noch bestätigt. Dieser kann als Antwort ein freundliches, beschwichtigendes Lächeln aufsetzen, um den anderen zu beruhigen.

Manchmal lachen wir auch, um eine soziale Situation zu entschärfen. Wir machen z. B. jemanden humorvoll auf einen Fehler aufmerksam oder wir lachen um in einer peinlichen Situation die Blamage zu verringern. Durch Lachen können wir Abstand von ernsten und traurigen Ereignissen gewinnen. So ist Lachen auch ein Sprungbrett in eine andere Sichtweise. Wenn man herzhaft lacht, dann setzt sich das Denken in die Gegenwart. Beim Lachen lockern sich nicht nur die Gesichtsmuskeln sondern auch die Gedankenmuster. Es kommt zu einer veränderten Sicht der Dinge. Wir sehen die Situation, die darin beteiligten Personen und uns selber aus einer neuen Perspektive, mit etwas Abstand. Dadurch wird es uns möglich, unsere – als belastend empfundene – Situation zu überdenken und neue Lösungsansätze für unser Problem zu finden.

Lachen verbindet und macht stark. Es ist wichtig, um mit anderen Menschen zu kommunizieren. Lachen kann Freundlichkeit und Offenheit signalisieren, einen Raum öffnen oder schließen. Es kann Freude aber auch Trost vermitteln. Menschen, die viel lachen und dies nicht gekünstelt, sondern ehrlich und aus vollem Herzen tun, wirken sympathisch, freundlich und offen auf andere Menschen. Lachen wir jemanden an, fühlt sich dieser eingeladen auf ein Gespräch. Vor allem legen wir durch Lachen unsere Gefühle offen und lassen diesen freien Lauf. Sie müssen nicht ausgesprochen werden. So kann sich auch niemand direkt verletzt fühlen. Das Lachen wird deshalb auch als soziales Schmiermittel oder Klebstoff bezeichnet. Dauergrinsen hingegen wirkt gekünstelt und unauthentisch.

Fernsehsprecher unterdrücken oft ein kurzes Lachen, wenn sie sich versprochen haben. Dieses kurze, leicht verschämt oder entschuldigend wirkende Lachen signalisiert: Es ist nichts Schlimmes. Und alles ist wieder in Ordnung. Der Fehler ist entschuldigt.

Kein Flirt, kein anregendes Gespräch funktioniert ohne Lächeln. Allerdings lachen manche Menschen auch, um sich stark zu fühlen, auch im aggressiven Sinne. Ein sehr lautes, offenes Lachen kann unter

Umständen auch eine feindselige Tendenz haben. Lachen kann negative Gefühle auslösen, wenn es aus Schadenfreude, Verachtung oder Überheblichkeit geschieht.

Lachen gab es schon lange vor der Sprache. Ursprünglich bestand unsere zwischenmenschliche Verständigung nur aus Blicken, Gesten und einem Lächeln. Wenn sich fremde Leute treffen und eine Gruppe bilden, klärt sich schon in den ersten Stunden durch Anlächeln oder Lachen, wer sich am sympathischsten ist. Lachen zeigt an, dass Menschen sich wohlgesonnen sind. Lachen in der Gruppe schafft ein starkes Wir-Gefühl. Wenn wir z. B. bei einem Witz gemeinsam über die Pointe lachen, dann stellen wir einen Einklang in unseren Sichtweisen her. Gemeinsames Lachen erhöht den Zusammenhalt und den Kooperationswillen. Auch Schmerzhaftes ist in der Gruppe leichter zu ertragen. Wenn sich jemand mit dem Hammer auf den Finger haut, ist der Schmerz stark und dauert lange an. Wenn dasselbe in der Gruppe passiert und die Gruppe über das Missgeschick lacht, dann ist der Schmerz weniger stark und schneller vorbei. Manchmal lacht das Opfer dann sogar mit.

Es gibt einige wenige Menschen, die eine Gelotophobie haben. Das ist Angst vor sozialer Zurückweisung, die hauptsächlich durch Lachen stimuliert wird. Diese Menschen haben Angst vor dem Lachen. Sie denken, dass sie durch Lachen die Kontrolle über ihren eigenen Körper verlieren. Gleichzeitig fürchten sie sich davor, ausgelacht zu werden. Sie können keine Freude, Heiterkeit und Ausgelassenheit durch Lachen erfahren, weil sie das Lachen nicht in seiner gefühlsbetonten positiven Bedeutung schätzen können. Sie erleben das Lachen ihrer Mitmenschen grundsätzlich als Bedrohung für das eigene Selbstwertgefühl. Oft wirken sie distanziert und kalt. Lachen löst bei ihnen keine Entspannung aus sondern Angst. Meist leiden sie unter dem Pinocchio-Syndrom, d. h. sie bewegen sich so, als ob sie aus Holz wären. Bei diesen Menschen sieht man auch Symptome wie Zittern, Erröten, Muskelzuckungen usw.

Lachen beim Kitzeln

"Geh Steine kitzeln, vielleicht lachen die drüber."
(Spruch)

Lachen ist angeboren, aber es muss trotzdem aktiviert werden. Das geschieht durch Kitzeln der Seele oder des Körpers. Die einfachste Form, jemanden zum Lachen zu bringen, ist die körperliche Stimulation durch Kitzeln. Das funktioniert so gut wie immer, außer wenn wir gerade in einer ganz schlechten Stimmung sind. Dann wehren wir ab. Kitzeln sieht zunächst wie ein Angriff auf unseren Körper aus. Doch es ist nur ein leichtes Berühren mit den Fingerspitzen. Diese tanzen über bestimmte Körperstellen. Der Berührte reagiert mit krampfartigem Zucken der Bauchmuskulatur und fängt heftig an zu lachen. Doch gleichzeitig macht er Abwehrbewegungen und schreit sogar manchmal. Damit gibt er dem Kitzler zu verstehen, dass dieser aufhören soll. Auch an der Mimik sind diese Symptome abzulesen.

Es ist tatsächlich so, dass Gekitzeltwerden freudiges Lachen auslöst, aber auch Schmerz. Es ist also nicht nur angenehm, löst nicht nur Wohlbefinden aus, sondern es ist auch ein wenig unangenehm.

Der Gekitzelte scheint zu sagen: „Bitte hör auf" und gleichzeitig „Bitte mach weiter." Kitzeln ist Genuss und Folter zugleich. Schmerz und Kitzlig-Sein stehen in einem engen Zusammenhang. Das Kitzlig-Sein hängt u. a. von der Funktionstüchtigkeit der Nervenbahnen ab, die die Schmerzsignale weiterleiten. Beim Kitzeln müssen wir die Person, die wir kitzeln beobachten. Der Gesichtsausdruck zwischen den einzelnen Kitzelattacken ist sehr aussagekräftig. Er verrät, wann es besser ist, aufzuhören. Kitzeln soll Spaß machen und keine Folter sein, nicht zur Qual werden. Wenn der Kitzelreiz zu lange anhält, entstehen durch Lachen und die Bewegungsreflexe Lungen- und Muskelschmerzen. Deshalb müssen wir das Gegenüber genau beobachten und rechtzeitig mit dem Kitzeln aufhören. Früher wurde Kitzeln als Folter eingesetzt. Es diente der öffentlichen Demütigung. Die bloßen Füße des Opfers wurden fixiert und die Passanten konnten ihm dann die Fußsohlen kitzeln. Es gab aber auch das Ziegenlecken. Die Fußsohlen des Opfers wurden mit Salz eingerieben und eine Ziege leckte sie ab. Durch die raue Zunge der Ziege und dem Salz wurde die Haut allmählich abgetragen und das Salz wurde direkt auf die Wunde gestreut. Aber Kitzeln wird heutzutage Gott sei Dank nicht mehr in der Form angewendet.

Wir unterscheiden zwei Arten von Kitzeln:
Knismesis und Gargalesis.

Knismesis ist ein sanftes Kitzeln. Wir spüren einen unangenehmen Reiz, von dem aber keine wirkliche Bedrohung ausgeht. Deshalb registriert das Gehirn diesen Reiz nicht als Schmerz, sondern einfach als etwas Lästiges. Es ist die Vorstufe zum Schmerz. Wenn uns eine Fliege über die Haut krabbelt, spüren wir das Kitzeln, aber es reizt uns nicht zum Lachen sondern eher zum Schlagen, was auch fast reflexartig geschieht. Dieses Kitzeln dient als Schutzreflex, um uns irgendwelches Getier vom Leibe zu halten. Wir können es leicht selber bei uns durchführen, indem wir sanft mit einer Feder über unsere Haut streichen. Allerdings spüren wir das Kitzeln noch intensiver, wenn jemand anderer mit der Felder über unsere Haut fährt. Ein fremder Reiz wirkt intensiver als ein selbst gesetzter. Beim Streicheln auf der Haut wird eine erhöhte Aktivität über dem Scheitellappen des Gehirns ausgelöst, genau dort, wo unser Körpergefühl repräsentiert ist. Und diese Aktivität ist deutlich stärker, wenn eine andere Person die Streichelbewegung durchführt.

Bei der Gargalesis wird ein punktueller Druck auf empfindliche Körperpartien ausgeübt. Er ist deutlich intensiver ist als bei der Knismesis, manchmal sogar beinahe schmerzhaft, weil einige der Kitzelreize im Rückenmark über die gleichen Bahnen geleitet werden wie der Schmerz. Die kitzelnde Person macht mit den Fingern schnelle Hin- und Herbewegungen auf der Haut des Gegenübers. Dadurch werden die Druckrezeptoren, aber auch tiefere Schmerzrezeptoren, die vermutlich die etwas unangenehme Komponente des Kitzelns verursachen, gereizt. Bei dieser Form des Kitzelns müssen wir lachen, allerdings nur, wenn es eine andere Person an unserem Körper ausführt.

Im Gehirn zeigt sich ein ganz deutlicher Unterschied zwischen selber kitzeln und gekitzelt werden. Das Kleinhirn, eine Region, die u. a. die Bewegungen der Glieder überwacht, wird aktiv. Es berechnet ganz schnell, wo wir uns berühren werden und sendet einen Impuls an die Nerven: „Achtung, gleich folgt eine Berührung, aber sie ist nicht gefährlich. Es sind nur die eigenen Hände." Die Nervensignale werden danach in der entsprechenden Körperregion so weit herabgesetzt, dass wir dort nicht kitzlig sind. Da das Gehirn die sensorischen Konsequenzen der eigenen Handlungen zum Teil vorhersehen kann, schenkt es den vom eigenen Körper verursachten Reizen weniger Aufmerksamkeit, weil es die Informationen bereits erwartet. Schon in dem Moment, in dem wir uns entscheiden, uns zu kitzeln, schaltet das Gehirn automatisch das Kitzelgefühl aus oder unterdrückt zumindest einen Teil des Reizes. So ein bisschen kitzelig sind wir ja trotzdem manchmal. Würde der Reiz nicht unterdrückt, würden wir ständig in Lachen ausbrechen, wenn wir irgendetwas an unserem Körper berühren, weil uns alles kitzeln würde. Das Kleinhirn gibt also Entwarnung an den somatosensorischen Cortex. Das ist der Teil der Großhirnrinde, in der Tastempfindungen verarbeitet werden. Das Lachen und die Aktivität des betreffenden Bereichs der Großhirnrinde während einer Selbstberührung werden unterdrückt. Dieser Mechanismus wird auch in Gang gesetzt, wenn ein Tier sich selber putzt. Es leckt mit der Zunge über die Haut, bzw. das Fell, erfährt dabei jedoch keinen Kitzelreiz. Wenn das Tier aber unsere Haut mit seiner Zunge ableckt, spüren wir das Kitzeln ganz deutlich.

Wir sind für Reize und Berührungen von außen besonders sensibilisiert. Das Gehirn nimmt ständig Informationen und Reize wahr und wir müssen schnell zwischen wichtigen und unwichtigen Berührungen unterscheiden, damit wir sofort auf mögliche Gefahren reagieren können. Wenn wir von anderen berührt werden, sind die Aktivitäten im Gehirn und der Impuls zu lachen verstärkt. Das Gehirn nimmt ständig Informationen und Reize wahr.

Wie stark eine Person auf das Kitzeln reagiert, hängt vom Persönlichkeitstyp ab. Scheinbar nicht kitzlige Menschen nehmen das Gefühl vermutlich auch wahr, nur anders. Kinder lachen manchmal schon, wenn nur die Hände des Kitzlers näherkommen, noch bevor diese das Kind berührt haben. Das liegt vermutlich an der tiefliegenden Schicht im Großhirn, die bereits bei der Erwartung des Kitzelns das Lachen auslöst.

Bei der Berührung durch einen anderen Menschen wird nicht nur der somatosensorische Cortex, sondern viele andere Gehirnareale aktiviert, die bei Selbstberührung nicht aktiviert werden. Diese Unterscheidung findet schon im Rückenmark statt, also bevor der Berührungsreiz an das Gehirn weitergeleitet und dort verarbeitet wird. Bei Schizophrenen zeigt sich im Gehirn kein Unterschied, ob sie sich selber kitzeln oder gekitzelt werden.

Das Lachen beim Kitzeln wird durch einen Außenreiz ausgelöst. Auch wenn der Gekitzelte weiß, dass er gekitzelt wird, muss er lachen. Die Überraschung ist trotzdem da. Das Gehirn weiß zwar, dass es gekitzelt wird, aber es weiß nicht wo, wie stark und in welchem Rhythmus der Reiz (das Kitzeln) erfolgen wird. Wenn das Kitzeln völlig unerwartet kommt, ist die Überraschung natürlich viel größer. Trotzdem ist man nicht erschrocken, weil man weiß, dass es harmlos ist. Bei der geringsten Berührung sendet die Haut sofort Signale an das Gehirn, denn Berührung könnte für den Körper gefährlich sein. Wenn das Gehirn dann Entwarnung gibt, brechen wir in Lachen aus. Die Anspannung löst sich auf. Das geht blitzschnell. Allerdings wird das Lachen nur bei Berührung bestimmter Körperstellen ausgelöst: unter den Achseln, dem Kinn, an den Seiten des Rumpfes, am Bauch, am Hals oder an den Fußsohlen. Es sind die Stellen, die auch beim Kampf am empfindlichsten sind. Wenn man an diesen verletzlichen Stellen berührt wird, ist das Gehirn sofort in Alarmbereitschaft. Die verschiedenen Körperstellen sind unterschiedlich kitzelempfindlich, weil die Anzahl der Rezeptoren, die die Sinneseindrücke aufnehmen und weiterleiten, unterschiedlich dicht auf der Hautoberfläche verteilt liegen. Die Haut ist auch nicht überall gleich dick. So liegen an einigen Stellen die Berührungssensoren direkt unter der ersten Hautschicht, an anderen Stellen weiter unten, z. B. unter der Hornhaut. An den Stellen, an denen die Haut sehr dünn ist, sind wir kitzeliger. Wenn wir zum richtigen Zeitpunkt an den richtigen Stellen gekitzelt werden, löst das Lachen aus. Das Lachen, das beim Kitzeln entsteht, hört sich äußerlich ziemlich gleich an wie jenes Lachen, das aus großer Freude oder Belustigung über einen Witz entsteht. Es ist aber anders. Es ist mit einem anderen Gefühl verbunden und reflexhafter.

Kleinkinder mögen Kitzeln. Wenn man sie kitzelt, rufen sie immer wieder: „Noch mal!" Kitzeln ist ein freudiges Miteinander, lockert auf. Besonders bei Säuglingen führt das Kitzeln zu einem entspannten Lachen. Das Kitzeln des Babys ist eine sehr intensive Kontaktherstellung. Und ein Baby, das von einer nahen Bezugsperson gekitzelt wird, weiß, dass ihm etwas Gutes getan wird. Kitzeln stärkt die Bindung zwischen Eltern und Kind. Ein liebevolles, achtsames Kitzeln ist eine schöne Interaktion zwischen Eltern und Kind. Es ist etwas ganz Intimes, Schon Charles Darwin vermutete, dass bei der Kitzelreaktion der soziale Kontext eine große Rolle spielt. Kitzeln darf aber nie zur körperlichen Machtausübung verwendet werden. Wenn das Kind protestiert, darf nicht weitergekitzelt werden. Ansonsten fühlt sich das Kind ohnmächtig und ausgeliefert.

Ein Kind, das von einem Fremden gekitzelt wird, lacht nicht. Es hat keine soziale Bindung zu dem Fremden, zeigt sogar Angst, schreit oder weint, vor allem wenn der Fremde selbst nicht lächelt oder lacht. Kitzeln ist etwas Intimes. Deshalb sollten wir, wenn wir jemanden kitzeln, mit dieser Person vertraut sein. Der gekitzelten Person darf es nicht unangenehm sein, dass sie berührt wird.

Lachen durch Witze

„Der Witz setzt immer ein Publikum voraus. Darum kann man den Witz auch nicht bei sich behalten. Für sich allein ist man nicht witzig."
Johann Wolfgang von Goethe (1749 – 1832)
Dichter und Naturforscher

Wenn jemand ankündigt, einen Witz zu erzählen, hat er sofort die ganze Aufmerksamkeit der Zuhörer bei sich, denn er gibt mit dieser Aussage praktisch das Versprechen ab, die anderen zum Lachen zu bringen. Die Zuhörer werden auf die Probe gestellt, ob sie den Witz verstehen. Wenn sie ihn verstanden haben, ist das ein kleiner Triumph, der befriedigt. Ein Witz ist immer eine Herausforderung, denn es ist gar nicht so selbstverständlich, einen Witz zu verstehen.

Witz kommt von Wissen. Und Wissen haben wir erst ab einem bestimmten Alter. Die Entwicklung des Witzverständnisses geht mit der kognitiven Entwicklung einher. Deshalb können Kinder unter sieben oder acht Jahren einen Witz meistens noch nicht verstehen. Um einen politischen Witz zu verstehen, dauert es noch länger. Das Verstehen eines Witzes beginnt mit einem winzigen Schock oder mit einer kleinen Verwirrung. Für das Gehirn ist das Schwerstarbeit. Ein Witz muss erkannt, verarbeitet und die Pointe erfasst werden. Die Pointe ist immer das Wesentliche bei einem Witz. Um einen Witz kognitiv so zu verarbeiten, dass wir die Pointe verstehen, benötigen wir beide Gehirnhälften. Die linke Hälfte des Gehirns nimmt mehr das auf, was nach und nach zu verstehen ist, vor allem die Sprache, während die rechte Gehirnhälfte mehr dazu neigt, eine Situation intuitiv und plötzlich zu erfassen. Beim Verstehen eines Witzes benötigen wir beides. Die Hirnaktivität erstreckt sich dabei über große Teile der Hirnrinde.

Wenn wir uns über einen Witz amüsieren, wird der Nucleus accumbens, das Lustzentrum des Gehirns aktiv. Der Nucleus accumbens ist ein Teil des körpereigenen Belohnungssystems und liegt tief im Gehirn verborgen. Er gehört zum limbischen System, dem Gefühlszentrum. Doch beim Hören eines Witzes sind noch mehr Zentren des Gehirns aktiv. Zuerst wird die linke hintere Schläfenlappenregion aktiviert, in der sich ein für die Sprachverarbeitung sehr wichtiges Areal befindet, das immer aktiviert wird, wenn wir Sprache hören. Zusätzlich wird noch die rechte hintere Schläfenlappenregion aktiviert. Es ist die korrespondierende Region. Sie bleibt normalerweise bei einer einfachen Spracherkennung stumm. Das Verständnis der Pointe muss in einen kurzen impulsartigen Gefühlszustand der Heiterkeit umgewandelt werden. Das geschieht im medialen ventralen präfrontalen Cortex. Das ist eine Region der Hirnrinde am Boden in der Mitte des Stirnhirns, die eng mit dem Belohnungssystem zusammenhängt. Diese neuronalen Aktivitäten spiegeln nur den rein kognitiven Prozess wider, d. h. es kann damit die Pointe erfasst werden. Wenn das Gehirn entscheidet, dass der Witz lustig ist, wird ein weiteres Hirnareal, der sogenannte mediale ventrale präfrontale Cortex aktiv und zwar wird er umso mehr aktiviert je lustiger ein Witz ist. Auch diese Region hat etwas mit dem Belohnungssystem zu tun. Es tritt z. B. auch ein, wenn wir uns über einen Lernerfolg freuen oder ein gutes Mittagessen genießen. Das Gehirn belohnt sich mit dem schönen Gefühl der Erleichterung und einem schallenden Lachen.

Aber nicht jeder Mensch kann einen Witz so erzählen, dass die Pointe gut rüberkommt. Für den Lacherfolg ist nämlich nicht nur die Pointe wesentlich, sondern auch die Konstellation innerhalb der Gruppe, in der der Witz erzählt wird. Ein Witz kann noch so gut sein, wenn er schlecht erzählt wird, lacht kaum einer. Es ist auch ein Unterschied, ob eine dominante Person einen Witz erzählt oder eine unbedeutende Person. Wenn z.B. der Chef oder Anführer einen Witz erzählt, lachen die Angestellten oder Mitglieder, auch wenn der Witz nicht gut war, einfach nur, damit sie gut angesehen sind.

Witzeerzählen macht niemand für sich allein. Es hat einen sozialen Charakter und stärkt den Zusammenhalt einer Gemeinschaft. Ein Witzeerzähler muss ein gutes Gedächtnis haben, denn er muss die Witze alle im Kopf haben. Abgelesene Witze kommen nicht so gut. Beim Witzeerzählen werden die kognitiven Fähigkeiten gestärkt, denn wer einen Witz erzählt muss nachdenken, kombinieren, planen und vorausschauen. Bei den Zuhörern weckt er die Neugierde. Sie wollen wissen, wie der Witz ausgeht, sind ganz gespannt.

Intelligent gut erzählte Witze sind etwas Köstliches und haben einen großen Unterhaltungswert. Das Doppeldeutige, der unerwartete Ausgang und zum Schluss das befreiende Lachen reizt die Menschen, sich Witze anzuhören. Jeder Witz ist eine unvollständige Mitteilung, missverständlich oder doppeldeutig, denn sie verwendet Techniken wie Anspielung, Auslassung, Wortspiel, Verdichtung und Übertreibung. Ob bei einem Witz viel oder wenig gelacht wird hängt auch davon ab, wie schnell die Pointe erfasst wird. Bei einfachen und offensichtlichen Witzen wird schneller gelacht, das Gelächter hält länger an und ist heftiger als bei jenen Witzen, bei denen wir eine Weile überlegen müssen, bis wir sie verstehen.

Ein Witz fängt mit einer kleinen Geschichte an. Wir erwarten, dass die Geschichte einen bestimmten Verlauf nimmt. Doch mittendrin in der Geschichte kommt plötzlich eine unerwartete Wendung, die erstmal gar nicht zum ersten Teil passt. Es entsteht eine zweite Deutungsmöglichkeit. Das ist die Inkongruenz, die Umstellung der Vorstellungen, die man zuerst aufgebaut hat. Dadurch entsteht eine Überraschung. Die Pointe am Schluss deckt den verborgenen Doppelsinn auf. Wenn die Zuhörer den Witz erfasst haben, die Doppeldeutigkeit erkannt haben (das ist der Aha-Effekt), kommt es zu einem Endophin-Stoß im Belohnungssystem des Gehirns. Dies führt zu einem Wohlgefühl und zur Freude. Die Freude äußert sich dann durch ein Lachen. Das Lachen bei einem Witz wird immer durch das Unerwartete ausgelöst.

Beim Witz geht es darum, sich blitzschnell von bereits angestellten Erwartungen und Vorhersagen zu trennen. Das Gehirn macht sozusagen eine Vollbremsung und stoppt die gerade laufenden mentalen Prozesse, um Kapazitäten für neue Gedankengänge zu schaffen. Alle bisher angestellten Erwartungen über den Witz werden aufgehoben.

Beispiel 1:
Treffen sich zwei Jäger im Wald. Beide tot.

Im ersten Skript denken wir, dass sich die Jäger im Wald treffen, also sich begegnen. Wir bauen auf dieser Vorstellung auf und sind gespannt auf die Fortsetzung. Doch dann kommt plötzlich die Pointe, die dem Wort „treffen" eine komplett andere Bedeutung gibt, nämlich mit dem Gewehr den anderen erschießen. Mit der Pointe endet der Witz. Jedes weitere Wort wäre zu viel. Und die Pointe muss überraschen, ansonsten wäre sie nicht gut. Nur dann lachen wir.

Beispiel 2:
Gott sagt zu König Ahab: „Wenn Du nicht abläss von deinen Sünden, dann schicke ich dir eine große Dürre." Darauf sagt Ahab: „Eine kleine Dicke wäre mir lieber."

Die Vorstellung, die der Witz im ersten Abschnitt hervorruft (eine Dürre – Wassernot im Land), wird in diesem Witz durch die Doppeldeutung (dürre – dünne Frau) unerwartet aufgelöst. Und das löst Lachen aus.

Kinder brauchen bei Witzen oft eine Auflösung. Deshalb mögen sie lieber Frage-Antwort-Witze.

Beispiel 3:
Was ist, wenn man C & A in die Luft sprengt?
Dann hat das Alphabet nur noch 24 Buchstaben.

Jeder Mensch mag eine andere Art von Witzen. Die einen mögen Flachwitze, die anderen geistreiche lange Witze. Manche mögen Witze über ein bestimmtes Thema, andere mögen Witze über Tabuthemen.

Sprachwitze sind meist sehr kurze Witze, die mit der Sprache spielen. Meist spielen die Witze mit der Mehrdeutigkeit von Wörtern, aber auch mit geistreichen Wortverdrehungen. Durch die Sprachwitze stehen wir der Sinnbedeutung der Sprache selbst nicht länger ernst gegenüber.

Beispiel:
Zwei Kerzen. Die eine fragt die andere: „Was machen wir denn heute Abend?" Diese: „Ausgehen!"

Bei diesem Witz müssen wir aufgrund der Mehrdeutigkeit des Wortes „ausgehen" lachen.

Nonsense Witze sind Witze, die keinen Sinn geben. Meist handelt es sich um etwas, was es gar nicht gibt. Der nachfolgende Witz ist ein Nonsense-Witz und Sprachwitz zugleich, weil mit der doppelten Bedeutung des Begriffs „Schuppen" gespielt wird.

Beispiel:
Frage: Warum haben Fische Schuppen?" „Ja, wo sollen sie denn sonst ihre Fahrräder unterstellen?"

Es gibt viele Witze, die absurd sind und ständig unsere Erwartung einer Pointe enttäuschen. Trotzdem lachen wir bei diesen Witzen aufgrund des völlig Absurden ein wenig.

Flachwitze sind Witze, die wenig geistreich sind. Ursprünglich waren es Witze mit gleichem Klang aber unterschiedlicher Bedeutung.

Beispiel:
Fährt der alte Lord fort, fährt er nur im Ford fort.

Die Bandbreite der Flachwitze ist breit. Die meisten haben keinen Tiefgang und nicht jede Pointe ist gleich offensichtlich, so dass nicht jeder darüber lachen kann.

Beispiel:
„Hast du ein Bad genommen?"
„Wieso, fehlt eins?"

Bei geistreichen Witzen brauchen wir mehr Hintergrundwissen. Nur dann ist es möglich, die Pointe überhaupt verstehen zu können. Lange Witze müssen fesselnd erzählt werden, damit die Aufmerksamkeit des Zuhörers erhalten bleibt. Wenn sie adäquat präsentiert werden lässt sich mit ihnen eine gesellige Runde über einen längeren Zeitraum gut unterhalten. Wer kein Englisch versteht, kann z. B. auch folgenden Witz nicht verstehen.

Beispiel:
Ein Ehepaar hat Probleme, ein Kind zu zeugen. Die beiden beschließen also, in den USA einen Spezialisten aufzusuchen. Es gibt nur ein Problem: Keiner von beiden spricht englisch. Der Spezialist gibt ihnen also durch unverkennbare Gesten zu verstehen, daß sie sich "an die Arbeit machen sollen". Anfangs ein wenig eingeschüchtert, vollziehen die beiden den Akt also vor dem Fruchtbarkeitsspezialisten von Weltrang. Der beginnt, die beiden von allen Seiten her zu inspizieren. Nach ein paar Minuten ruft er:
"Stop". Er zieht sich in sein Büro zurück und schreibt ein Rezept.
Die beiden kehren erleichtert nach Deutschland zurück, wo der Mann sofort in die nächste Apotheke läuft und nach dem Medikament "Trytheotherol" fragt.
"Wie bitte", sagt die Apothekerin.
"Na Trytheotherhol, wie es auf dem Rezept steht."
"Zeigen Sie mal her ", sagt die Apothekerin.
"Ach, ich seh' schon. Sie haben das falsch gelesen. Hier steht: "Try the other hole."

Wenig geistreiche Witze sind z. B. die Häschenwitze.

Beispiel:
Sagt Häschen zu Paul: „Haddu Möhrchen?
Paul sagt: „Klar hab ich welche!
Häschen meint stolz zu Paul: „Muddu essen!"
Es gibt auch Witze, bei denen man zwar lächelt, die einen aber eher zum Nachdenken bringen. Sie stehen intellektuell meist etwas höher.

Beispiel:
In einem amerikanischen Krankenhaus erwacht ein Patient aus einem Koma. Da er über Nahtod-Erlebnisse berichtete, fragte ihn der Chefarzt ganz begierig, ob er auch Gott gesehen habe und wie er denn aussehe. Der Kranke antwortete: „Yes, she was black."

<u>Sie</u> war <u>schwarz</u>? Wir stellen uns Gott männlich und weiß vor. Der Teufel wird normalerweise schwarz dargestellt. Durch diese Umkehrung kommen wir ins Nachdenken. Witze dienen also auch dazu, auf humorvolle Weise auf einige menschliche und philosophische Probleme hinzuweisen.

Der Bildwitz (Cartoon) ist eine Grafik, die eine komische und/oder satirische Geschichte in einem Bild wiedergibt, meistens mit einer Pointe. Worte sind nicht immer notwendig. Der Witz entsteht durch die komischen und ausdrucksstarken Gesichter und Körperhaltungen der Figuren, die eindeutig übertrieben dargestellt werden. Bildwitze stellen besondere mentale Anforderungen. Der Betrachter muss sich in die dargestellten Personen hineinversetzen, danach aber wieder herausspringen, damit er über deren unglückliche Lage lachen kann.

Insiderwitze entstehen innerhalb einer bestimmten Gruppe. Um einen Insiderwitz zu verstehen, ist ein spezielles Wissen notwendig, das nur Mitglieder dieser Gruppe wissen können. Für die Insider ist der Witz lustig, doch Außenstehende können den Witz nicht nachvollziehen. Ein Insiderwitz kann die Gruppenidentität von Freunden stärken und zusammenschweißen. Allerdings grenzt er Personen, die nicht über das gruppenspezifische Wissen verfügen und deshalb den Witz nicht verstehen, aus.

Beispiel:
„Schau mal, da fliegt ein hohler Punch."

Diesen Witz können nur zwei Personen verstehen, nämlich eine Schülerin von mir und ich. Wir hatten uns da etwas zusammengereimt, als das Mädchen das englische Wort „hole punch" (Locher) immer falsch ausgesprochen hat. Wir zwei können über diesen Satz lachen und finden ihn witzig, alle anderen Menschen nicht.

Rassistische Witze gehen immer auf Kosten anderer. Beliebte Ziele sind Ausländer, Asylanten, religiöse Randgruppen oder andere kleine Gruppen. Witze greifen auch oft Vorurteile und Ängste auf oder handeln von menschlichen Schwächen. In den Witzen werden diese Vorurteile, Ängste oder Schwächen über diese Menschen verfestigt. Auf diese Weise können Inhalte, die sonst nicht zur

Sprache gebracht werden können in einer gesell schaftlich akzeptieren Form dargestellt und ausgedrückt werden.

Beispiel:
Wer rennt schneller als ein Asylant mit deinem Fernseher?
Sein jüngerer Bruder mit dem DVD-Player.

Witze handeln auch oft von bestimmten Personengruppen, u. B. Lehrer, Beamte oder Blondinen.

Beispiel:
Zwei blonde Freundinnen unterhalten sich. „Du, ich musste gestern einen Schwangerschaftstest machen."
„Waren die Fragen denn sehr schwer?"

Nach Freud lassen sich mit Witzen Triebregungen ausdrücken, die sonst in gesellschaftlich akzeptierter Weise nicht vorzubringen sind. Wenn das Über-Ich verbietet, der Umwelt etwas über ein bestimmtes Thema mitzuteilen, findet es in Witzen Ausdruck

Beispiel:
Warum ist Sex mit der Lehrerin besser als mit der Krankenschwester?
Die Krankenschwester sagt: „Der nächste bitte!" und die Lehrerin sagt: „Wir wiederholen das ganze!"

Mit Witzen über Nachbarländer werten wir die Menschen aus diesen Ländern ab und bedienen uns dabei gerne uralter Vorurteile.

Beispiel:
Ein Schotte spaziert mit seiner Frau in der Fußgängerzone an einem Würstchenstand vorbei. Sagt sie: „Oh, das duftet aber lecker." Sagt der Schotte: Wenn du möchtest, können wir hier auf dem Rückweg noch einmal vorbeigehen."

Ein politischer Witz dient dazu, aktuelle Ereignisse oder Zustände lächerlich zu machen. Er ist eine Volkswaffe gegen die Resignation. Der Leidensdruck, der z. B. in Diktaturen vorhanden ist, wird durch politische Witze in die Öffentlichkeit gestellt und dazu benutzt, Angst und Frust abzubauen. Je größer der Leidensdruck ist, desto mehr brauchen die Menschen diese Witze, um die Luft abzulassen. Die Diktatur fürchtet deshalb den Humor. Bei den politischen Witzen wird der Machtanspruch der herrschenden Person als unangemessen entlarvt und ihre vermeintliche Autorität lächerlich gemacht. Charlie Chaplin hat in seinem Film „Der große Diktator" ein Mahnmal für die Ewigkeit geschaffen, indem er den Diktator Hitler mit den Waffen des Humors und des Lachens bloßgestellt und seine schändlichen Plane und Absichten damit entlarvt hat.

Nachfolgend ein Witz über Angela Merkel.

Angela Merkel kommt in den Himmel und wird von Petrus begrüßt. Sie blickt sich um und sieht eine riesige Zahl von Uhren. Merkel fragt Petrus, was das bedeuten soll.
„Nun, jede Regierung der Welt hat eine Uhr. Wenn die Regierung eine Fehlentscheidung trifft, rücken die Zeiger ein Stück weiter."
Merkel schaut noch einmal in die Runde und fragt: „Und wo ist die deutsche Uhr?"
„Tja", meint Petrus, „die hängt in der Küche als Ventilator."

Scherzfragen sind kurze Rätselfragen, die dem Gegenüber gestellt werden. Die Antwort ist immer total unerwartet und überraschend. Es ist nicht möglich, auf die Antwort zu kommen, weil sie keinen Sinn ergibt. Scherzfragen sollen die Befragten nur amüsieren, verblüffen, auf den Arm nehmen oder veräppeln. Wir lachen, weil die Antworten überraschend sind. Kinder lieben Scherzfragen, aber auch bei Partys oder lustigen Veranstaltungen amüsieren sich Erwachsene mit Scherzfragen.

Beispiel 1:
Was schwimmt in einem See und fängt mit Z an?
— Zwei Enten.

Wenn man diese Frage gestellt bekommt, sucht man nach irgendetwas, das im See schwimmt. Aber, dass es einfach zwei Enten sind und das Z sich auf die zwei bezieht, auf die Idee kann man gar nicht kommen. Die Antwort ist überraschend und löst deshalb Lachen aus.

Beispiel 2:
Warum trinken Mäuse keinen Alkohol?
– Weil sie den Kater fürchten.

Bei dieser Scherzfrage mit Sprachwitz sucht man nach dem Grund. Vielleicht bekommen die Mäuse Bauchweh oder mögen Alkohol nicht. Und dann kommt die überraschende Doppelbedeutung mit dem Kater, die bei uns lachen auslöst.

Mit Witzen über Männer und Frauen „verblöden" wir die Männer bzw. die Frauen. Diese Witze können z. B. jene Menschen aufheitern, die gerade vom anderen Geschlecht enttäuscht worden sind. Witze stellen generell eine Möglichkeit dar, mit Enttäuschung umzugehen und über das, was einen unglücklich macht, zu lachen.

Beispiel 1:
Was haben Wolken und Männer gemeinsam?
Wenn sie sich verzeihen, kann es noch ein schöner Tag werden.

Beispiel 2:
Warum sollten Frauen über 30 nicht mehr verstecken spielen?
Weil sie keiner mehr sucht.

Beim schwarzen Humor werden Witze über Themen gemacht, mit denen normalerweise sehr ernst umgegangen wird, z. B. Verbrechen, Krankheit und Tod. Sie werden in satirischer oder bewusst verharmlosender Weise verwendet. Die Witze thematisieren gesellschaftskritische Themen, auch wenn sie oft sarkastisch, zynisch, boshaft, abgestumpft oder aggressiv auf Andere wirken. Aber mit den Witzen wird auf diese Thematiken aufmerksam gemacht.

Lachen ist eine Art und Weise, mit Angst umzugehen. Wer Angst vor dem Tod hat, kann mit Witzen über den Tod am meisten lachen. Andere finden sie vielleicht geschmacklos oder fühlen sich persönlich angegriffen. Deshalb müssen wir genau überlegen, wem wir wann welche Witze erzählen können.

Mit Galgenhumor bezeichnete man die Witze, die von den Verurteilen bei ihrem Gang zum Galgen gemacht wurden. Diese Witze sollten dem Tod seinen Schrecken nehmen und ihn lächerlich wirken lassen. Mit Galgenhumor überwindet der Mensch seine Angst vor dem Schicksal. Der humorvolle Mensch lacht sein Schicksal aus. Er erhebt sich über die drohenden Gefahren. Der Galgenhumor ist eine Form des schwarzen Humors. Er versucht ein unvermeidliches Unglück durch Humor erträglicher zu machen. Menschen mit schwarzem Humor können oft spielerischer mit schlimmen Situationen umgehen. Sie lachen einfach darüber, um die Situation besser zu verarbeiten.

Beispiel 1:
„Herr Doktor, können Sie mir helfen?"
„Hmm, ich verschreibe Ihnen ein paar Moorbäder."
„Und die helfen?"
„Nein, aber sie gewöhnen sich schon mal an die feuchte Erde."

Beispiel : 2
Während der Französischen Revolution wird ein Adliger aufs Schaffot geführt. Als ihm der Henker die Augen verbindet, fragt der Verurteilte leise den Priester: „Sagen Sie, Hochwürden, was gibt man so einem Mann als Trinkgeld?"

Jede Gesellschaft lacht über andere Dinge. Ein Witz, über den die Deutschen lachen, finden Menschen aus anderen Ländern oft überhaupt nicht witzig. Humor ist kulturbedingt und deshalb von Land zu Land verschieden. Witze hängen stark vom Kulturkreis ab. Welche Form von Humor in einem Land vorherrscht, hängt eng mit der jeweiligen Geschichte und Mentalität zusammen. Humor hängt von bestimmten historischen, sozialen und personellen Konstellationen ab. Auch die politische Situation oder überhaupt die Situation des jeweiligen Landes ist ausschlaggebend. Sind die Leute zufrieden, brauchen sie nicht so viele Politikerwitze. Je mehr Kontakt eine Kulturgruppe zu einer anderen hat, desto mehr Witze machen die Menschen in der ersten Gruppe über die zweite. Der Humor kippt ganz schnell und wird beleidigend oder verletzend, wenn Beteiligte einen anderen kulturellen Hintergrund haben.

Wenn wir denselben Witz unterschiedlichen Menschen erzählen, lacht der eine schallend und ein anderer vielleicht gar oder nur mit einem gequälten Lächeln. Wer welche Witze mag, hängt u. a. von den jeweiligen Einstellungen zum Leben ab. Es ist auch vom kognitiven Zustand und der Situation abhängig. Wenn ich z. B. einem sonst fröhlichen Menschen einen Witz erzähle, wenn er in Trauer ist, wird er nicht darüber lachen können. Jemand, der einen Witz nicht versteht oder absolut nicht in Stimmung dazu ist, kann auch nicht über ihn lachen.

Für Kinder im Kindergartenalter sind Witze noch etwas anders. Sie lernen erst die Hülle eines Witzes, die Verpackung. Sie beobachten, wie zwei Erwachsene beim Witzeerzählen reagieren. Der eine fragt den anderen: „Kennst du den?" Wenn der andere verneint, dann erzählt der eine irgendetwas, was das Kind nicht versteht. Am Schluss lachen beide. Die Kinder im Kindergarten machen das nach. Sie sagen: „Kennst du den? Fritzchen geht über die Brücke." Ha, ha, ha. Alle Kinder lachen und erzählen diesen „Witz" weiter. Für uns Erwachsene fehlt da noch etwas. Aber für ein Kindergartenkind ist das ein Witz.

Um Witze zu verstehen, braucht ein Kind eine gewisse Vorstellungskraft, die Fähigkeit, andere Sichtweisen anzunehmen und eine gewisse Sprachentwicklung. Diese Fähigkeiten entwickeln sich bei jedem Kind unterschiedlich schnell. Die Entwicklung der Vorstellungskraft beginnt bei Kindern ungefähr zwischen dem 12. und 18. Monat. Die Vorstellungskraft ist auch wichtig, um später eigene Witze zu erfinden. Die Inspiration für eigene Witze bekommen Kinder meist von den Dingen, die sie gerade selber lernen.

Beispiel:
Ein Kind macht dauernd Witze darüber, dass sein Freund auf den Fußboden gemacht hat. Das Kind macht das, weil bei ihm gerade das „aufs Töpfchen

gehen" und Trockenwerden an erster Reihe stehen. Witze darüber zu machen hilft, die gesellschaftlichen Rituale und Gefühle zu erlernen, die mit diesem Prozess einhergehen, vor allem im Umgang mit Missgeschicken.

Unserem Unterbewusstsein tun Witze richtig gut. In ihnen stoßen zwei völlig fremde Gedanken unvermutet aufeinander. Wir können in Witzen unsere verdrängten Gedanken, Gefühle und Vorurteile auf eine ungefährliche Weise befreien. Denn lachend erleben wir das Verdrängte plötzlich als etwas Erlaubtes und Harmloses.

Witze zeigen uns, dass wir jederzeit den Blick auf die Dinge wechseln können, die Probleme aus einer ganz neuen Perspektive sehen können und dass diese dann vielleicht sogar eine bestimmte Komik besitzen. Manchmal braucht es dazu auch eine Portion Ironie.

Lachen als Therapie

„Lächeln, das ist wir kostbare Therapie."
Douglas Douglas Horton (1891 – 1968)
protestantischer Geistlicher und akademischer Leiter

Normalerweise lacht der Mensch nur, wenn er einen Grund dazu hat, z. B. wenn er glücklich ist, etwas komisch findet oder einen Witz hört usw. Wenn der Mensch in einer Krise steckt, vergeht ihm das Lachen. Doch gerade dann ist Lachen wichtig, denn um diese Krisensituationen besser bewältigen zu können, ist eine positive Grundstimmung notwendig und die kann durch die Lachtherapie erreicht werden.

Lachtherapie ist – wie der Name schon sagt - eine Therapieform, in der durch Lachen Heilung angestrebt wird. Sie wird therapeutisch zur Unterstützung bei der Genesung von Krankheiten eingesetzt. Lachtherapie wird zum Beispiel in der Psychotherapie, Schmerztherapie, Rehabilitation und chronischen Erkrankungen, aber auch in der Geriatrie (Altersmedizin) und Antiaggressionstherapie angewendet. Sie soll u. a. die Selbstheilungskräfte des Körpers mobilisieren, den Schmerz reduzieren und den Menschen helfen, Stresssituationen besser zu bewältigen. In der Lachtherapie werden äußere Mittel genutzt, um die Menschen zum Lachen zu bringen. Es werden z. B. Comedy-, Kabarett- oder Clownshows, Witzsendungen oder lustige

Videos angeschaut, humorvolle Bücher gelesen oder sich gegenseitig Witze erzählt. Auch Lachclubs und Lachyoga erzielen oft gute Erfolge.

Lachclubs sind Treffpunkte von Menschen, die gemeinsam lachen wollen, weil es ihnen gut tut. Es werden Witze erzählt, schräge Lieder gesungen und irgendetwas Komisches gemacht. Das Lachen verstärkt sich durch die gegenseitige emotionale Ansteckung. Lachen ist ansteckend, auch wenn es zunächst nicht ganz echt ist. Aber um das Lachen der Erkenntnis zu gewinnen, reicht es nicht, eine Stunde in der Woche in den Lachclub zu gehen. Dazu müssen wir grundsätzlich unsere Einstellung ändern. Aber genau das geschieht beim Lachen oft, weil man die Dinge dann anders sieht.

Lachyoga zählt zu den Entspannungstherapien und wurde von dem indischen Arzt Dr. Madan Kataria entwickelt. Er wird als Lach-Guru bezeichnet und ist Initiator des Weltlachtags der Lachclub-Bewegung. Das Unbeschwerte beim Lachyoga kann das Selbstbewusstsein stärken und zu einer insgesamt positiveren Lebenseinstellung führen. Loslassen wird möglich. Die Kraft des gemeinsamen Lachens spendet Energie und Lebensfreude., die Selbstheilungskräfte werden aktiviert. Die Lachyoga-Übungen kräftigen Körper und Psyche.

Lachyoga ermöglich jedem Menschen lachen zu lernen ohne auf Humor, Witze und Komödien angewiesen zu sein, denn er muss kognitiv nicht denken. Beim Lachyoga treffen sich Menschen, um gemeinsam laut zu lachen. Lachyoga ist das bewusste Hervorrufen von grundlosem Lachen. Durch Laut-, Klatsch-, Dehn- und Atemübungen werden die Menschen zum Lachen stimuliert. Auch Yogaübungen fließen mit ein, um den Körper, den Geist und die Seele in einen Zustand zu bringen, in dem sich das Lachen verselbständigt. Man ahmt einfach das echte Lachen nach, was bald in wahre Fröhlichkeit umschlägt. Dieses willkürliche Lachen löst echte Heiterkeit und Wohlbefinden aus und geht schließlich in unwillkürliches Lachen über. Das Lachen wird immer lustiger. Bei häufigem und längerem Lachen setzt die medizinisch heilsame Wirkung ein. Allerdings lehnen manche Menschen diese künstlich erzeugte Form des Lachens ab, da sie sich albern vorkommen.

Humor hilft, eine Situation neu zu strukturieren und anders zu betrachten. Auch in der Psychotherapie von Angstpatienten ruft Witziges und Komisches oft einen Perspektivenwechsel hervor. Bei einer Spinnenphobie hilft das Betrachten von humorvollen Spinnenbildern, z. B. eine Spinne im Tanzrock oder mit Hippihaaren, genauso gut wie eine klassische Desensibilisierung.

Intensives Lachen wirkt negativem Stress und Stimmungstiefs entgegen. Stress ist ein großes

Thema in der heutigen Zeit und vergleichbar mit dem Flucht-Kampf-Mechanismus in früheren Zeiten. Stress wird über das Zentralnervensystem gesteuert und führt zu einer Anspannung. Kurzfristiger Stress schadet der Gesundheit nicht. Gefährlich wird es aber, wenn bestimmte Teile des zentralen Nervensystems ständig angespannt sind und nicht mehr entspannt werden. Das Lachen ermöglicht dem Menschen, aus dieser Anspannung wieder herauszukommen. Deshalb wird Lachtherapie auch in der Psychotherapie angewendet.

Der heutige Mensch erlebt nicht nur reale Gefahren, er malt sich auch manchmal unreale Gefahren aus und erlebt dann große Ängste, die oft bis zu Panikstörungen gehen. Stress zu bekämpfen ist wichtig, denn dauerhafter Stress kann gefährlich werden und zu gesundheitlichen Problemen führen. Lachtherapie bringt Menschen aus zwanghaften Gedanken heraus, beendet das Grübeln und die Selbstzweifel. Lachen bringt den Menschen ins Hier und Jetzt. Die Lachtherapie zielt auf eine Änderung der inneren Haltung ab. Allerdings sollte man Lachtherapie in Trauerphasen nicht anwenden, auch nicht bei echtem Burnout und akuten Depressionen.

Zwischen Menschen bauen sich oft Spannungen aller Art auf. Ein Lächeln löst die Spannung. Wenn die Menschen einander anlächeln, bedeutet das für den anderen, dass er nichts zu befürchten hat, dass sein Gegenüber ihm wohlgesonnen ist. Die Spannungen zwischen ihnen verschwinden. Viele angespannte Menschen bauen ihre Spannungen in aggressiven Handlungen ab. Lachen wäre die bessere Methode. Wer lachen lernt erlebt weniger Spannungen.

Die meisten Menschen mit chronischen Schmerzen ziehen sich aus der Gesellschaft zurück. Sie werden mit der Zeit einsam und die Schmerzen verstärken sich. Allein fällt es Ihnen schwer zu lachen und bei starken Schmerzen lacht man sowieso nicht. Hier kann Lachtherapie helfen, denn Menschen, die viel lachen, haben weniger Schmerzen, weil Lachen endomorphine Stoffe und entzündungshemmende Substanzen freisetzen. Zusätzlich wird die Serotoninausschüttung verbessert. Eine Lachtherapie wirkt deshalb sehr gut gegen Schmerzen, weil Schmerzzustände oft mit Verkrampfungen und Verspannungen einhergehen. Lachen setzt die Schmerzschwelle herab. Während des Lachens hat man keine Schmerzen und oft hält es danach noch Stunden an. Außerdem sind die Menschen bei der Lachtherapie in einer Gruppe, was auch das Gefühl der Einsamkeit vermindert.

Auch in der Geriatrie kann die Lachtherapie eingesetzt werden. Sie kann sowohl der Prävention dienen, denn wer viel lacht, wird nicht so schnell krank als auch bei Krankheiten helfen. Gerade wenn mehrere ältere Menschen zusammen sind, gehen die Gespräche sehr oft nur über Krankheiten, was die Krankheitssymptome meist verstärkt. Lachen bringt die Leute auf andere Gedanken, lässt sie nicht dauernd nur um Krankheit kreisen. Das Denken und Erleben wird erweitert und die Gefühle verändert.

Lachen gelingt sogar den demenzkranken Menschen noch. Sie sind oft über Lachen noch ansprechbar, selbst wenn sie sonst nicht mehr erreichbar sind. Wenn Menschen, die an Alzheimer erkrankt sind, laut lachen, können sie sich danach oft wieder besser erinnern. Die Lachtherapie verbessert entscheidend die Lebensqualität von Demenzkranken.

Der Clown

„Ein Clown, der mit einem Zirkus in die Stadt kommt, bringt dem Volk mehr Gesundheit, als eine Karawane, vollgepackt mit Medikamenten."
Thomas Sydenham (1624 – 1689) - Arzt

Clowns treten im Zirkus auf, bei verschiedenen anderen Veranstaltungen, bei Geburtstagen, in Kindergärten und Schulen, bei Familienfeiern, Firmenfeiern, usw. Sie sind aber auch in Seniorenheimen, in Krankenhäusern und Kliniken tätig. Ein Clown verkörpert das heitere Kind mit seiner enormen Lebensfreude und staunenden Neugierde. Er wirkt tollpatschig, schaut dumm, verliert für einen Moment vermeintlich die Kontrolle und lacht über sich selbst, wenn etwas nicht funktioniert. Manchmal weint er auch kurz, findet dann aber schnell ein neues Spiel oder eine Idee, die ihn wieder lachen lässt. Ein Clown spielt mit allem, was ihm begegnet. Er spielt das Leben. Das macht ihn so sympathisch.

Die Aufgabe des Clowns ist es, die Menschen zum Lachen zu bringen. Ein Clown hat immer ernsthafte Probleme, die er versucht, zu lösen. Alles geht schief, was schief gehen kann. Der Clown will es richtig gut machen, handelt immer mit dem besten Willen, aber er vermasselt alles. Schließlich findet er Lösungen, die völlig absurd sind.

Ein Zirkusclown ist bei einem Zirkus angestellt und reist mit dem Zirkus um die Welt. Er ist fest im Programm integriert und kommt immer wieder mal zwischendurch in die Manege, um seine Späße darzubieten und die Leute zum Lachen zu bringen. Oft arbeitet er auch mit akrobatischen Kunststücken, die er in sein Programm integriert.

Der Bühnenclown, der bei Veranstaltungen wie Familienfeiern, Geburtstagen, Feiern in Schulen, Kindergärten usw. auftritt, hat eine etwas andere Funktion als der Clown im Zirkus. Auch er spielt sein Programm. Doch dieses Programm ist meist auf ein bestimmtes Publikum zugeschnitten und das Publikum wird normalerweise mehr miteinbezogen. Der Clown schnappt die Reaktionen des Publikums auf und baut sie ins Programm ein, was für noch mehr Lachern sorgt.

Bei Walkacts hat der Clown kein festes Programm vorbereitet. Er läuft bei Veranstaltungen einfach umher oder steht an einem Platz und unterhält die Leute mit seinen Späßen. Dabei geht er auch auf einzelne Personen ein.

Anders sieht es beim Klinikclown aus. Er kann nicht wie ein Zirkus- oder Bühnenclown mit einem festen Programm oder einer Show auftreten. Das geht bei kranken Menschen nicht. Ein Kind, das z. B. aufgrund einer Chemotherapie oder Tabletteneinnahme sehr müde und erschöpft ist, kann einer Clownshow gar nicht folgen. Deshalb hat der Clown im Krankenhaus eine ganz andere Rolle, nämlich eine psychosoziale Rolle. Ein Klinikclown muss eine spezielle Ausbildung machen, in der gelernt wird, wie es gelingen kann, einem kranken oder alten Menschen über traurige, depressive und belastende Zeiten hinwegzuhelfen. In der Klinik muss sich der Clown individuell auf jeden Einzelnen und jede Situation einstellen können. Er braucht deshalb ein vielfältiges Angebot und muss sehr improvisiert vorgehen. Gott sei Dank hat sich die Arbeit der Klinikclowns in den letzten Jahren positiv entwickelt und weiter professionalisiert.

Ein Klinikclown besucht regelmäßig (normalerweise einmal die Woche) kranke Menschen im Krankenhaus. Besonders wichtig ist er auf der Kinderstation. Er besucht die Kinder und schenkt ihnen in dieser schwierigen Zeit des Krankenhausaufenthaltes Lachen und Freude. Auch Kinder, die dem Tode sehr nahe sind, freuen sich über den Clown, der ihnen Heiterkeit in diesen schweren Stunden und Tagen bringt. Die kranken Kinder, aber auch die Familienmitglieder und das Krankenhauspersonal befinden sich in einem psychischen und sozialen Ausnahmezustand. In dieser Situation ist es besonders wichtig, die Privatsphäre der Kinder und Eltern zu respektieren. Deshalb informieren sich die Klinikclowns vor dem Besuch des Kindes im

Schwesternzimmer über den Gesundheitszustand und die Situation des jeweiligen Kindes und bitten vor dem Eintreten ins Zimmer um Erlaubnis.

Ein Kind erlebt das Krankenhaus oft als bedrohlich, einsam, steril und gefühlsarm. Außerdem ist es von seinen Freunden und der gewohnten Umgebung getrennt. Der Clown kann dem Kind helfen, kann die Apparate und die Situation weniger bedrohlich machen. Er kommt z. B. mit einem riesengroßen Fieberthermometer, sein Reflexhammer quietscht oder er tanzt mit dem Infusionsständer. So bekommen die Gegenstände für das Kind eine andere Bedeutung. Der Clown stellt seltsame Diagnosen und macht witzige Therapievorschläge wie z. B. jeden Tag dreimal ein Himbeerbonbon lutschen oder eine Zitronenlimonadeninfusion. Das Kind lacht.

Ein Kind weiß, dass es das Lachen zum Überleben braucht. Deshalb ist gerade auf der Kinderstation der Clown so wichtig. Aber er muss bei seinen Besuchen sehr feinfühlig vorgehen. Er muss sich in die Gedankenwelt der Kinder hineinversetzen, sie ablenken können und träumen lassen. Dazu benötigt er viel Phantasie und Gefühl. Ein Klinikclown muss die spezifische Situation, in der sich ein Kind und seine Angehörigen gerade befinden, erkennen und in diesem Augenblick das Richtige tun. Für ein erschöpftes Kind ist es vielleicht schon genug, wenn es nur Seifenblasen nachschauen kann. Ein fitteres Kind braucht wieder ein anderes Programm. Ein Clown kann das Befinden der Kranken und seiner Angehörigen sowie des Klinikpersonals positiv beeinflussen. Kinder haben viel Freude, wenn der Clown kommt und nach den Clownbesuchen am Krankenbett fühlen sie sich wesentlich besser. Lachen ergänzt auf ganz natürliche Weise die Leistungen der Schulmedizin. Lachen ist ein Mittel gegen alle Krankheiten.

Die Arbeit des Klinikclowns ist auf emotionaler Ebene sehr fordernd. Er arbeitet an einem Ort, an dem das Leben, die Krankheit, die Angst und das Leiden und manchmal sogar der Tod der Patienten sehr nahe beieinander liegen. Besonders wenn Kinder leiden oder sterben ist das sehr ergreifend. Sie haben Zweifel, Angst und auch Hoffnung. Ein Clown gibt niemals auf, auch wenn er scheinbar scheitert. Er findet immer eine Lösung. Das macht auch den Kindern Mut. Der Clown setzt dem Schmerz und der Sorge der Kinder ein Lachen und Zuversicht entgegen. Die Anwesenheit des Clowns kann kurzfristig Angst und Ängstlichkeit reduzieren, weil der Clown Erheiterung bringt und das ist der Gegenläufer der Angst. Niemand kann Kindern vor einer Operation so sehr die Angst nehmen wie der Clown. Die Operationen gelingen viel besser und die Kinder kommen wieder schneller auf die Beine. Die Clowns bringen positive Stimmung ins Zimmer, alles ist dann nicht mehr so schwer. Ein schwer kranker Junge sagte nach dem Clownbesuch: „Das Schönste für mich war, dass mein Vater wieder gelacht hat. Er hat nicht mehr gelacht, seit ich krank bin." Wir sehen, auch die Eltern und das Personal werden entspannter.

Ein Clown, der die Augen der Kinder, die durch ihre schwere Krankheit viel Leid erfahren haben, zum Strahlen bringt und ihnen ein Lächeln ins Gesicht zaubert, hat ein großartiges Werk vollbracht. Und er wird die strahlenden Augen danach nie mehr vergessen. Wer lacht, gibt nicht auf!

Folgendes Video zeigt einen kleinen Einblick in die Arbeit des Klinikclowns.
(Link kopieren und anklicken).

https://www.youtube.com/watch?v=svjlvN-oLHY
(aufgerufen am 31.12.2019)

Menschen lachen, wenn etwas nicht den bekannten Regeln entspricht, wenn etwas anders als gewohnt ist, etwas schief läuft und genau das passiert beim Clown. Bei ihm läuft immer etwas schief, immer widerfahren ihm Missgeschicke. Wenn er sich auf den Stuhl setzt, setzt er sich daneben, wenn er läuft, stolpert er. Es folgt promptes Lachen. Jeder Clown arbeitet mit diesen komischen Elementen, witzigen Übertreibungen und grotesken Situationen. Ein Clown macht immer alles erst falsch herum. Nach einigen Fehlversuchen merkt er dann, meist durch Zufall, wie es wirklich geht. Seine Grimassen verstärken das Ganze noch. Wir als Zuschauer denken, meist unbewusst: Der Clown ist ja noch ungeschickter als ich. Und genau dieser Moment führt zum Lachen, weil der Zuschauer sich mit dem Clown identifiziert.

Der Clown setzt seinen Missgeschicken sogar noch eins drauf, er übertreibt. Wenn z. B. eine Torte auf dem Tisch steht, ist von vornherein klar, dass der Clown mit dem Gesicht in die Torte fallen wird. Doch bevor er da reinfällt, passieren ihm noch einige andere Missgeschicke. Er stolpert, stößt an den Tisch, zieht das Tischtuch weg usw. Zum Schluss fällt er dann doch mit dem Gesicht in die Torte, aber auf ganz witzige übertriebene Weise. Im Gegensatz zu uns versucht der Clown aber nicht, schnell aus der peinlichen Situation rauszukommen. Er hebt langsam sein Gesicht aus der Torte und blickt im Kreis herum. Uns wäre das peinlich und wir wollten uns schnell aus der Situation befreien. Aber der Clown nimmt sein Scheitern an. Jeder hat die Gelegenheit, ihn so, mit Torte verschmierten Gesicht, anzuschauen.

Die Zuschauer lachen über die eigenen kleinen Fehltritte, indem sie laut und öffentlich über den großen Fehltritt des Clowns lachen. Und durch diesen Lacher wird eine enorme Spannung in jedem der Zuschauer gelöst. Alle können entspannen. Der Clown gibt den Zuschauern die Möglichkeit, sich selbst Missgeschicke, Fehltritte und Fehler einzugestehen. Sie werden nicht mehr verdrängt, sondern ins Bewusstsein gebracht. Der Clown gibt uns Raum und Zeit, uns an diese Geschichten zu erinnern und sie zu vergeben, indem wir sie im Spiel wiederholen. Und das ist heilsam, denn im Bewusstsein können wir sie verarbeiten und verdauen. Und das hilft, gesund zu werden und das verbindet den Clown mit den Zuschauern.

Der Clown hat die Kraftquelle des Scheiterns für sich entdeckt. Er macht alles falsch, damit die andern lachen. Scheitern ist etwas Menschliches. Wenn wir lernen, unser Scheitern zu akzeptieren, kann uns nichts mehr passieren. Der Spannungszustand in unserem Körper wird in dem Moment gelöst, in dem wir ablachen. Wir werden entspannt. Uns wird plötzlich klar, dass auch wir, ganz ähnlich wie der Clown, in unserem Leben viele gescheiterte Prozesse hinter und vor uns haben. Das dürfen wir aber jetzt im Moment vergessen, weil der Clown da vorne so gewaltig scheitert, wie es uns noch nie passiert ist.

Aus jedem Problem kann eine Clownnummer gemacht werden. Wenn sie gut dargestellt wird, ist das Gelächter garantiert. Der Clown spielt keine Stärken, er spielt Schwächen, d.h. er erinnert sich an eine Situation im Leben, in der er unglücklich war, weil sie ihm nicht gelungen ist und spielt sie. Ein Clown erreicht sein Publikum auch ohne Worte. Er drückt alle Gefühle durch den Blick seiner Augen, durch seine Mimik und durch seine Körpersprache aus. Er erzählt Geschichten, die das Publikum zum Lachen bringen.

Der Clown spielt die menschliche Wirklichkeit. Durch sein Spiel heilt er nicht nur andere Menschen, sondern auch sich selber. Kern jeder Heilung ist die Erkenntnis der eigenen Wirklichkeit. Das Lachen beim Clown befreit und heilt, weil es aus tiefster Freude und einem inneren Verständnis für gemeinsame menschliche Schwäche kommt. Ein Clown kann die Menschheit belustigen und bereichern, seinen Humor als Heilmittel für die Seele einsetzen. Aber er muss die Freude immer und überall abrufen können. Er kann nur wirkliche Freude schenken, wenn er selber echte Freude empfindet. Wenn ein Clown wirklich mit Leib und Seele Clown sein will, dann entsteht ein Spiel, das Lachen schenkt.

Wer den Clown in sich entdeckt und belebt, lernt, über sich selber zu lachen, sein Leben aus einer neuen Perspektive zu betrachten und verwandelt das Scheitern in Lebensfreude und Kraft. Die Methoden des Clowns lassen sich bei jedem im Alltag anwenden.

Beim Clown sind es aber nicht nur die Missgeschicke, über die wir lachen, es ist auch das Unerwartete. Der Clown spielt z. B. seine Geschichte und dann ertönt zufällig draußen die Sirene. Der Clown baut sie sofort in seine Geschichte ein. Das löst meist großes Gelächter aus. Und das ist Heilung. Es ist einfach nur die Freude, dass das, was gerade geschehen ist, spontan integriert wird. Etwas, das nicht integriert war, wird spontan und für jeden im Raum nachvollziehbar integriert.

Ein Clown hat meist eine rote Nase. Die rote Nase ist wichtig und gehört meiner Meinung nach zu jedem Clown. Sie ist ein Symbol für die Tradition des Clowns und steht für Heiterkeit und Lachen. Aber der Clown hat noch mehr. Er hat riesige Schuhe und viel zu große Schlapperhosen oder ist sonst irgendwie komisch angezogen. Viele Clown haben noch einen großen lachenden Mund. Auch seine Gangart ist besonders. All das wirkt komisch auf uns und deshalb müssen wir schon lachen, wenn wir ihn nur sehen. Es wirkt belustigend, aber so ganz weit weg auch etwas befremdend, denn wir haben in unserem Gehirn ein genaues Muster davon, wie ein Mensch aussieht. Wenn nun aber in der Realität ein völlig anderes Gesicht und eine andere Kleidung, wie beim Clown, erscheint, führt das ganz kurz zu einer Verwirrung. Das innere Muster passt nun nicht mehr mit der erlebten Realität zusammen. Unsere Erwartung ist kurz zusammengebrochen. Manche empfinden beim Anblick eines Clowns kurz ein Gruseln, d. h. eine unbestimmte Angst vor etwas, von dem man noch nicht so recht weiß, ob es bedrohlich ist oder nicht. Es gibt sogar Menschen, bei denen das Gesicht des Clowns Angst und Panik auslöst. Bei ihnen wird die im ersten Augenblick auftretende nur kurz dauernde Furcht bis ins Monströse gesteigert und dann nicht mehr abgebaut. Es ist eine psychische Störung. Doch alle andern Menschen werden durch diese ganz flüchtige Unsicherheit sofort neugierig. Sie wollen diese Inkongruenz, d.h. das Nichtzusammenpassen von Vorstellung und Realität, ergründen. Das sofortige Erkennen des Harmlosen beim Clown führt zu einem kurzen Wohlbefinden, einem Lachen und als Belohnung wird Endorphin in unserem Gehirn ausgeschüttet. Die Inkongruenz wird aufgelöst. Diese Inkongruenz gibt es aber nicht nur im Clowngesicht und in der Clowngestalt, sondern auch bei bestimmten Handlungen und sprachlichen Äußerungen des Clowns.

Ich möchte hier ein Beispiel aus einem Spiel des berühmten Clown Grock anführen. Er wurde von einem anderen Clown nach einem Gerangel in einen großen Schrank eingesperrt. Der andere Clown war stolz und rief: „So, nun habe ich dich endlich eingesperrt." „NIt möööglich!" antwortete Grock. Das ist ein Spruch, den er oft sagt, der typisch für ihn ist. Kurz danach sagte Grock: „Die armen, armen

Menschen. Ich bin drin, und sie sind alle draußen." Er hat einfach die Perspektive gewechselt. Das bedauerliche ‚draußen' und sein eigenes, erfreulich empfundenes ‚drinnen' wirken auf das Publikum zunächst verwirrend. Dadurch entsteht eine Inkongruenz, die harmlos ist. Die Zuschauer erkennen diesen Wechsel der Perspektive schnell und können sie somit auflösen. Das Erkennen führt zu Heiterkeit und Lachen. Dieses Lachen ist nahe verwandt mit dem Lachen beim Aha-Effekt.

Auch ein übersteigerter Kontrast führt zum Lachen: wenn z. B. ein Clown aus seinem riesigen Koffer ein kleines Miniklavier rausholt und dann auch noch auf ihm spielt oder sich eine riesengroße Brille aufsetzt. Auch bei totalen Gegensätzen wie z. B. Dick und Doof müssen wir schon beim Anblick lachen, wenn der eine groß und dick ist und der andere klein und schmächtig.

Lachen kann beim Clown auch aus Bewunderung ausgelöst werden. Dies ist der Fall, wenn ein Clown in eine missliche Lage gerät und sich dann mit einer besonders akrobatischen Leistung, die ihm niemand zugetraut hätte, aus der Lage befreit. Clown Grock stand z. B. stand auf dem Stuhl, die Sitzfläche krachte durch und Grock war gefangen. Er versuchte alles, um herauszukommen. Plötzlich, ganz unerwartet, sprang er mit einem einzigen akrobatischen Sprung heraus. Das Publikum lachte laut.

Kinder lieben den Clown, weil sie genauso offen und ehrlich gegenüber den Stärken und Schwächen sind wie ein Clown. Ein Kind sagt den Erwachsenen oft ehrlich und schonungslos, was es über bestimmte Dinge oder Menschen denkt. Ein Kind sagt auch, wenn jemand eine krumme Nase hat oder der Lippenstift verrutscht ist. Sowohl ein Kind als auch ein Clown gehen staunend durch die Welt. Ein Clown betrachtet staunend die Dinge, als ob er sie zum ersten Mal sieht. Das Kind staunt auch, wenn es Dinge zum ersten Mal sieht. Beide sind wie von einem anderen Planeten und schauen staunend um sich, um die Welt in ihren Gesetzmäßigkeiten zu begreifen.

Bei Kindern muss der Clown nicht viel machen. Sie lachen schon, wenn er stolpert oder wenn der Koffer auf den Fuß fällt. Der Clown kann den Koffer ein paar Mal hintereinander runterfallen lassen. Das Kind lacht immer wieder. Der Erwachsene will immer neue Möglichkeiten des Scheiterns, das Kind nicht. Ein kleines Kind stolpert auch täglich viele Male über seine Füße und dann kommt der Clown, ein Großer, der auch stolpert, auch mehrere Male. Deswegen lieben Kinder den Clown. Dadurch, dass der Clown scheitert, gehört er zu ihnen. Wenn der Clown es z. B. nicht schafft, einen Luftballon aufzublasen, lachen die Kinder, weil sie aus eigener Erfahrung wissen, wie oft man beim Aufblasen eines Luftballons scheitern kann.

Clowns in Seniorenheimen regen die Senioren zu körperlichen Aktionen, gemeinsamen Spielaktivitäten und Erlebnissen an. Sie singen mit den Senioren, setzen Emotionen in Bewegen und holen die Menschen aus ihrer Lethargie, ihrer Trauer, Depression oder Verwirrung raus. Viele Menschen in den Seniorenheimen fühlen sich trotz aller Bemühungen der Angehörigen und des Pflegepersonals einsam und sind allein mit ihrer Traurigkeit, ihren Ängsten und Sorgen. Menschen mit Demenz sind in ihrer eigenen Welt verloren und kaum noch erreichbar. Der Clown ist für sie eine wichtige Bezugsperson. Er teilt ihre Gefühle, schenkt ihnen Zeit, Aufmerksamkeit und Zuwendung. Er vermittelt Leichtigkeit und Freude an den kleinen Dingen. Er macht die Welt sinnlicher und setzt deren Einschränkungen die Welt der unbegrenzten Fantasie entgegen.

Gerade die Andersartigkeit des Clowns bietet Anknüpfungspunkte für Kontakte. Die Figur des Clowns ist für die älteren Menschen liebevoll und liebenswert. Sie können ihm vertrauen, von Gleich zu Gleich. Sie vertrauen ihm ihre Lebensgeschichten an. Beim Singen vertrauter Lieder und beim Erzählen von Geschichten werden in den Senioren schöne Erinnerungen geweckt.
Folgendes Video zeigt einen kleinen Einblick.

https://www.youtube.com/watch?v=nUuaAQ4qhH8
(aufgerufen am 16.12.2019)

Clowns begegnen den alten Menschen immer auf Augenhöhe. Sie bringen gute Laune und Leichtigkeit in den oft monotonen Tagesablauf der pflegebedürftigen Senioren. Durch die Visite des Clowns gewinnen die Senioren wieder Interesse an ihrem Umfeld, fangen wieder an zu leben. Regelmäßige Clownvisiten tragen zu einer Steigerung der Lebensqualität älterer und pflegebedürftiger Menschen bei, damit die Freude am Leben nicht verloren geht und auch diese Menschen wieder lachen können.

Menschen mit fortgeschrittener Demenz erkennen oft niemanden mehr, aber den Clown erkennen sie immer. Er begibt sich auf dieselbe emotionale Ebene und schafft es dadurch, einen Zugang zu ihnen zu bekommen. Er kommt über den Weg des Humors und des sich Kleinmachen zu den älteren Menschen und ist genauso hilfsbedürftig wie die Senioren selber. Er ist in Augenhöhe mit dem Demenzkranken und ist geschult darin, wahrzunehmen, wo der Mensch mit Demenz ist und wie er ihn dort abholen und erreichen können.

Gesang und Musik machen lustig

„Drückt's dich wo - sing dich froh!"
Volksmund

Vor 50 Jahren ist dreimal so viel gesungen worden wie heute. Meine Mutter hat oft erzählt, wie die ganze Nachbarschaft abends zusammensaß und Lieder gesungen hat. Es war immer mit viel Spaß verbunden und die Leute haben sich näher kennengelernt. Mit gemeinsamen Singen kommt Freude auf. Und wo Freude ist, da ist auch Lachen. Aber wer singt heute noch aus Spaß an der Freud, einfach so, im Kreise von Freunden und Bekannten?

In einigen Kneipen oder Gasthäusern wird das freie Singen Gott sei Dank wieder belebt. In der Stadt, in der ich wohne, ist ein Gasthaus, in dem jeden Montag nach dem Motto „Sing mer z'samma" (Singen wir zusammen) Lieder gesungen werden. Dabei ist nicht zuhören angesagt, sondern mitsingen. Es ist ein großer Unterschied, ob man sich nur berieseln lässt oder ob man aktiv mitsingt. Jeder kann kommen; so sitzen oft wildfremde Menschen miteinander am Tisch, singen und lachen zusammen. Und überall sieht man lächelnde Gesichter. Singen macht glücklich und bringt Menschen zusammen. Singen kann heilen. Singen verringert das Auftreten von Aggression und Spannungen zwischen Menschen, weil Stresshormone reduziert werden.

Lachen und Musik sind beides rhythmische akustische Reize. Beide sprechen ähnliche Bereiche des Gehirns an. Ein gehörter Rhythmus überträgt sich sofort, so dass man mitlachen oder mittanzen möchte. Schöne Lieder heitern auf, machen lustig. Manche Musik lässt Freudentränen laufen. Genauso wie Lachen überschwemmt Singen innerhalb kurzer Zeit unser Gehirn und unseren Körper mit verschiedenen Glückshormonen. Und je mehr Glückshormone wir haben, desto glücklicher sind wir und je glücklicher wir sind, desto mehr können wir lachen.

Ein wichtiger Botenstoff ist Serotonin. Er gibt uns ein Gefühl von innerer Ruhe, Zufriedenheit und Gelassenheit. In hoher Dosis führt Serotonin zu einem Hochgefühl und zu Euphorie. Depressionen, Angst und aggressive Verstimmungen haben dann keinen Platz mehr. Beim Singen steigt die Menge des Serotonins gewaltig an. Zudem wird Noradrenalin, ein Motivator und Antidepressivum ausgeschüttet. Noradrenalin motiviert uns, aktiv zu werden. Es entstehen positive Gefühle, die uns antreiben, positive Dinge zu erleben, die uns leistungsfähiger machen und unsere Chance auf Erfolgserlebnisse erhöhen. Beim Erleben von Musik wird das körpereigne Opiat Beta-Endophin ausgeschüttet, das bei Glückseligkeit, Trance und Euphorie ausgeschüttet wird. Neben seiner glücklichmachenden Wirkung ist es auch ein starker Schmerzkiller und dämpft unangenehme Empfindungen.

Bestimmte Formen der Musik und des Singens sind sehr entspannungsfördernd und stressabbauend. Sie senken den Kortisolspiegel, den Blutdruck und die Herzfrequenz. Die Ausschüttung des Aggressionshormons Testosteron wird durchs Singen gehemmt.

Babys werden Wiegenlieder vorgesungen. Die sanften ruhigen Klänge sind schön, beruhigen Kinder und lindern sogar ihre Schmerzen. Wenn Kinder zehn Minuten Schlaflieder hören, bekommen sie einen ruhigen Puls, sowohl Angst als auch Schmerz verringern sich. Das trifft allerdings nur beim Vorsingen zu, nicht beim Vorlesen oder anderer Zuwendung der Eltern. Kinder reagieren auf Singen besser als auf jede andere Ansprache. Deshalb sind weinende oder schreiende Babys auch viel schneller ruhig, wenn man ihnen etwas vorsingt als wenn man mit ihnen spricht.

Singen entspannt und baut Stress ab. Das Musizieren mit der eigenen Stimme macht gute Laune. Es bringt Herz, Kreislauf und das Immunsystem auf Trab, baut Stress ab und verbessert die kognitive Leistung. Singen hat eine gemütsaufhellende Wirkung. Beim Singen atmen wir ergiebiger als in Ruhe. Wir atmen tief ein und aus. Das aktiviert den Parasympathikus und macht uns ruhig und entspannt. Der Blutddruck sinkt, der Puls wird langsamer, die Muskulatur entspannt sich. Gleichzeitig kurbelt die Atmung während des Singens den Stoffwechsel an, die Organe und das Gehirn werden besser durchblutet und die Konzentrationsfähigkeit steigt. Mehr Oxytozin, Immunglobulin A und Endorphin steigern das Glücksgefühl. Oxytocin sorgt bei Menschen, die zusammen singen, dass die „Chemie" im wahrsten Sinne des Wortes stimmt und sich eine Atmosphäre von Vertrautheit und Geborgenheit, eine heimische Atmosphäre ausbreiten kann. Oxytocin schafft die Voraussetzungen, dass Verbindungen zwischen Menschen entstehen und bleiben. Es gibt uns das Gefühl, ruhig, entspannt, zufrieden und voller Zutrauen zu sein. Menschen, die gerne singen, vor allem in einer Gemeinschaft, kennen die glückssteigernde Wirkung, die gemeinsames Singen hervorruft. Das Singen im Chor gibt uns ein Gefühl von Zugehörigkeit und das stärkt den Zusammenhalt der Gruppe. Und ein Chor macht auch seine Zuhörer glücklich.

Beim Singen kommen wir von unseren Problemen weg, denn während des Singens sind wir ganz auf den Gesang konzentriert und können nicht an Probleme denken. Wir bekommen Abstand. Singen hilft, den grauen Alltag bunter zu gestalten und seine Last leichter zu ertragen. Fast jeder Mensch hat eine Singstimme. Es ist nie zu spät, diese Stimme wieder zum Leben zu erwecken. Im Singen steckt so viel Energie, Emotionalität und Ausdrucksart. Kein Musikinstrument ist so ausdrucksfähig wie unsere Stimme. Jeder Mensch hat eine einzigartige, unverwechselbare Stimme. Sie verrät erstaunlich viel über die eigene Person, aber auch über den momentanen Gefühlszustand und die physische und psychische Befindlichkeit.

Singen nimmt uns die Angst. Solange wir singen, haben wir keine Angst. Früher in den Arenen haben die Christen, die den Löwen zum Fraß vorgeworfen wurden, gesungen, um die Todesangst zu besiegen.

Es gibt vielerlei Arten von Musikrichtungen, vielerlei verschiedene Lieder mit unterschiedlichen Texten. Es gibt auch Lieder, die das Lachen selber thematisiert, z. B. das Lied von Mara Kayser.

Nachfolgend der Refrain:

Wir sollten öfter mal lachen,
wir sollten öfter mal fröhlich sein,
denn Lachen ist gut für die Seele,
macht Sorgen nichtig und klein.

Wir sollten öfter mal lachen,
wir sollten öfter mal fröhlich sein,
den grauen Alltag vergessen,
und keine Stunde bereuen.

Das gesamte Lied ist zu hören auf:
(Link kopieren und anhören)

https://www.youtube.com/watch?v=cyEa5m_ORu0
(aufgerufen am 15.12.2019)

Auch das thematisierte Lied von Helene Fischer ist sehr schön. Nachfolgend ein Ausschnitt davon:

Wenn Du lachst, machst Du mein Leben heller
Wenn Du lachst, weiß ich, wo ich hingehör'
Ich schau' Dich an und der Rest der Welt wird stiller
Wenn Du lachst, wenn Du lachst

Wenn Du lachst, bringst Du jede Angst zum Schweigen
Wenn Du lachst, ist das wie ein Tag am Meer
Und mir wird klar, ich will immer bei Dir bleiben
Wenn Du lachst, wenn Du lachst

Wenn du lachst, ist das wie ein Sommermorgen
Wenn du lachst, dann lacht mein Herz mit dir
Und ich vergess' alle Zweifel, alle Sorgen
Wenn du lachst, wenn du lachst

Und mein Herz, es wird so weit
Glück wird mehr, wenn man es teilt
Wenn ich nichts mehr glauben kann
Dann schaltest du die Sonne an

Denn wenn du lachst, fängt alles an zu strahlen
Wenn du lachst, dann reißt der Himmel auf

...

Das Lied ist zu hören auf:
(Link kopieren und anhören)

https://www.youtube.com/watch?v=9YLzNSetFcY
(aufgerufen am 27.12.2019)

Es gibt sogar Lieder, die nur aus Lachen bestehen. (Link kopieren und ansehen)

https://www.youtube.com/watch?v=IWaZhnwdTio
https://www.youtube.com/watch?v=eKY8qpPmGnk
https://www.youtube.com/watch?v=cS2DqJj_HDQ
(aufgerufen am 15.12.2019)

Und dann gibt es natürlich viele Lieder, die einen lustigen oder gesellschaftlich anregenden Text haben, bei dem das Stimmungsbarometer ansteigt, vor allem, wenn sie in der Gesellschaft gesungen werden. Auch das Aussprechen oder Singen des Buchstabens „E" führt zu einer Stimmungsverbesserung, weil es dem Gesicht einen fröhlichen Ausdruck verleiht. Singen vertreibt Wut, denn während des Singens kann man nicht wütend sein. Singen und gleichzeitig streiten geht nicht. Jeder Streit ist beendet, wenn er singend weitergeführt werden soll.

Aber nicht nur singen macht glücklich, sondern auch das Spielen eines Musikinstrumentes, allerdings nur, wenn es mit Begeisterung gespielt wird. Wer mit seinem Instrument offen für Unkonventionelles ist, heitert sich auf und gewinnt neue Begeisterung und Glücksgefühle. Der Spaß ergibt sich aus dem „einfach anders machen" und der Verrücktheit. Wer Unerwartetes spielt und sich selber überrascht, kann lachen, denn die unerwarteten Dinge lassen einen lachen.

Wenn wir offen für Experimente sind, finden wir heraus, wie wir uns mit unserer eigenen Musik zum Lachen bringen können. Am besten gelingt uns das, wenn wir mit innerlicher Vorfreude an das Projekt herangehen. Sich der Musik hingeben und sich von Spontaneinfällen leiten lassen, aus der eigenen Kreativität voll und ganz zu schöpfen, Stücke spontan verändern, das setzt Emotionen frei. Das ganz Individuelle, das bringt einen zum Lachen. Musizieren macht glücklich. Mit jedem Instrument können besondere Effekte erzielt werden. Mit Blasinstrumenten können quiekende, quakende und trötende Töne gespielt werden, mit dem Klavier laute und leise, schnelle und langsame Töne und ein anderes Instrument hat wieder andere Fähigkeiten. Experimentieren macht Freude.

Essen macht glücklich

„Tu deinem Körper etwas Gutes, damit die Seele Lust hat, darin zu leben."
Teresa von Avila (1515 – 1582) – Karmelitin und Mystikerin

Schon der griechische Arzt und Philosoph Hippokrates behauptete: „Was wir essen, bestimmt unser Gemüt." Es gibt tatsächlich Lebensmittel, die unsere Stimmung heben, die uns glücklicher machen, die Inhaltsstoffe haben, welche zu guter Laune führen können. Und wer glücklicher ist, kann mehr lachen. Eine gezielte Ernährung steigert das Glücksgefühl und kann die Seele positiv beeinflussen, denn zwischen dem Verdauungstrakt und dem Gehirn besteht ein enger Zusammenhang. Ob Essen uns gut tut, hängt aber nicht nur von den Lebensmitteln ab, sondern auch davon, wie sie zubereitet sind, in welcher Gesellschaft und unter welchen Umständen wir die Mahlzeiten zu uns nehmen.

Um glücklich zu sein, benötigen wir einen hohen Serotonin-Spiegel. Serotonin ist der Botenstoff, der für das Übertragen von Informationen von Nervenzelle zu Nervenzelle verantwortlich ist. Serotonin hebt die Stimmung und lässt uns öfters lachen. Mit mehr Serotonin steigt die kognitive Leistung. Durch die gesteigerte Leistungsfähigkeit und die gehobene Stimmung werden wir mit Stress-Situationen besser fertig. Der Cortisol-Spiegel im Speichel sinkt.

Allerdings kann Serotonin nicht direkt mit der Nahrung zugeführt werden, weil es erstens nur in sehr wenigen Lebensmitteln vorhanden ist und zweitens kann es die sogenannte Blut-Hirn-Schranke nicht überwinden. Man braucht den Eiweiß-Baustein Tryptophan als Vorstufe und zusätzlich vor allem Magnesium und B-Vitamine. Aus diesem Cocktail an Stoffen kann dann im Gehirn aus Tryptophan Serotonin gebildet werden. Tryptophan kann der Körper nicht selber herstellen. Es muss ihm mit der Ernährung zugeführt werden.

Um zufriedener, ausgeglichener und damit glücklicher zu sein, muss die Ernährung dauerhaft umgestellt werden: eiweißarm und kohlenhydratreich, mit viel Fisch. Vor allem sensible Menschen werden mit einer kohlenhydratreichen Ernährung stressresistenter und der Wert des Stresshormons Cortisol sinkt auch in Belastungssituationen. Vollkornprodukte lassen den Blutzuckerspiegel nicht so schnell ansteigen. Tryptophan wird so über einen längeren Zeitraum freigesetzt. Durch eine kohlenhydratreiche Mahlzeit gelangt das Tryptophan über einen Anstieg von Insulin im Blut ins Gehirn. Die Kohlenhydrate werden im Körper zum größten Teil in Glucose umgewandelt. Dadurch wird die Bauchspeicheldrüse zur Produktion von Insulin angeregt. Insulin erhöht den Tryptophanspiegel im Gehirn, aus welchem das Glückhormon Serotonin gebildet wird. Je mehr Tryptophan im Blut ist, desto mehr

Serotonin kann im Gehirn gebildet werden. Mit eiweißarmer Kost klappt die Aufnahme von Tryptophan noch besser.

Nudeln, Kartoffeln, Brot und Reis machen glücklich. Eine ausgewogene Kost mit viel Getreideprodukten, Obst und Gemüse, aber wenig Käse, Fleisch oder Nüssen kann labile Menschen stabilisieren und ihre Stimmung heben. Auch das prämenstruale Syndrom bei Frauen wird gebessert. Sie sind nicht mehr so abgeschlagen, müde und lustlos. Eiweißarme Ernährung regt allerdings den Appetit an, so dass meist mehr Kalorien zu sich genommen werden, was Gewichtszunahme zur Folge haben kann.

In den Wintermonaten fehlt dem Körper Vitamin D, welches die Produktion von Serotonin im Gehirn fördert. Vitamin D ist für gute Laune sehr wichtig. Menschen mit Depressionen, Angststörungen und Müdigkeit haben oft einen Vitamin D-Mangel, aber auch einen Selen-Mangel. Champignons sind z. B. reich an Selen und Vitamin D. Wenig Sonne senkt den Vitamin D Gehalt in unserem Körper und dies wiederum drosselt die Produktion von Serotonin. Menschen, die zu Depressionen neigen, sollten sich täglich mindestens eine halbe Stunde bei Tageslicht draußen bewegen oder sich mit Lichttherapie behandeln lassen. Mit entsprechender Ernährung können leichte Depressionen verschwinden.

Bei schweren Depressionen reicht allerdings die Ernährungsumstellung allein nicht mehr aus. Sie ist jedoch eine sinnvolle Unterstützung.

Lebensmittel mit hohem Tryptophan- und niedrigem Eiweißgehalt sind z. B. Pflaumen, Ananas und Bananen. Vor allem Bananen sind gute Energielieferanten, haben wichtige Vitamine, z. B. C und B, sind reich an Kohlenhydraten und Einfachzucker und sind schnell verdaulich. Sie sind das ideale Lebensmittel für Sportler, um ihre Energiedepots schnell aufzufüllen. Bananen kräftigen auch die Nerven, die Muskulatur und das Herz und sind reich an Kalium und Magnesium. Kalium ist wichtig bei Depressionen. Bananen helfen auch bei Darmbeschwerden, regeln den Stuhlgang. Sie helfen, die zwei Hormone Serotonin und Noradrenalin aufzubauen.

Auch Trockenfrüchte sind gute Tryptophan-Quellen. Datteln und Feigen können die Stimmung heben. Sie sind auch reich an Magnesium, was stressresistenter macht.

Bitterschokolade kann Glücksgefühle auslösen. Auch sie enthält Tryptophan. Ein täglicher Verzehr lässt den Stresshormonlevel sinken. Das darin enthaltene Magnesium hilft, Stress zu lindern. Schokolade hat auch einen hohen Energie- und Zuckergehalt und trägt zur Serotoninbildung bei. Außerdem haben wir nach einem Schokoladengenuss unsere Lust befriedigt und der Gaumen hat sich an dem Genuss erfreut. Schon allein das tut uns gut.

Tyrosin ist ein Eiweißbaustein, der schlechte Laune kurzfristig vertreiben kann und wach macht. Tyrosinhaltige Lebensmittel sind vor allem Parmesan, Camembert, Cashewnüsse, Linsen, Makrelen, Rind und Huhn. Parmesan enthält außer Tryptophan auch Tyrosin. Diese Aminosäure ist der Ausgangsstoff für das Glückshormon Dopamin. Dopamin bekämpft die Angst und sorgt für gute Laune. Er ist genauso wie das Tryptophan ein Neurotransmitter und ein Glückshormon.

Omega-3-Fettsäuren sind für den Gehirnstoffwechsel essentiell. Ein niedriger Blutspiegel von Omega-3-Fettsäuren führt zu einem Mangel an Serotonin und dieser Mangel wiederum kann Depressionen verursachen. So ist es sinnvoll, die Eiweißzufuhr durch Omega-3-reichen Fisch abzudecken. Lachs und Makrele sind dazu ideal, aber auch Walnüsse, Leinsamen, Lein-, Raps-, Walnuss- und Olivenöl. Fisch wird eine Depression vorbeugende und lindernde Wirkung nachgesagt. Die darin enthaltenden Omega-3-Fettsäuren können in den Gehirnstoffwechsel eingreifen, ähnlich wie einige Antidepressiva.

Koffein regt das zentrale Nervensystem und die Herztätigkeit an, stimuliert verschiedene Stoffwechselfunktionen, macht wacher, belebt die Aufmerksamkeit und hebt die Stimmung. Deshalb machen Kaffee und schwarzer Tee in Maßen getrunken gute Laune. Grüner Tee regelmäßig getrunken senkt den Stress-Level. Leider setzt irgendwann der Gewöhnungseffekt ein.

Probiotischer Joghurt spielt bei Depressionen eine wichtige Rolle. Er stellt das Gleichgewicht in der Darmflora wieder her. Ein Ungleichgewicht in der Darmflora beeinflusst unser seelisches Wohlbefinden. Eine probiotische Kultur kann bei beginnender Depression helfen.

Auch die Avocado enthält Tryptophan sowie wertvolle ungesättigte Fettsäuren, Vitamin B und Folsäure, die in dieser Kombination in das stimmungsaufhellende Serotonin umgewandelt werden.

In Linsen sind Eisen, Vitamin B, Kohlenhydrate, Kalzium und Tryptophan. Cashewkerne und Rindfleisch haben einen sehr hohen Anteil an Tryptophan. Außerdem enthalten sie Tyrosin und Vitamin B.

Alkohol wirkt sich positiv auf den Gemütszustand aus. Er sollte allerdings nur in Maßen zu sich genommen werden.

Essen dient oft als Belohnung. Es hebt die Stimmung und spendet Trost. Allerdings sollte man aufpassen, dass der „Seelentröster" nicht zu oft eingesetzt wird, da sonst die Gefahr eine Bulimie oder einer starken Gewichtszunahme groß ist.

Schärfe im Essen macht glücklich. Das liegt daran, dass im Gehirn Schärfe als Schmerz fehlinterpretiert wird und deshalb werden bei Schärfe Endorphine, morphinhaltige Stoffe, zur Schmerzlinderung ausgeschüttet. Sie betäuben den Schmerz, lassen uns entspannen und bessern so die Laune. Beim Kochen können wir also gern zu Peperoni, Chili, Ingwer und andere schärfende Zutaten greifen. Bei Magenproblemen sollte man aber mit scharfen Lebensmitteln aufpassen. Der scharfe Chili ist sehr gesund. Beim Verzehr von Chili schüttet unser Körper verstärkt Kathecholamine (z. B. Dopanim und Adrenalin) aus. Deshalb wird es uns beim Essen von scharfen Mahlzeiten so warm. Dieses Warmwerden und Schwitzen zeigt an, dass unser Stoffwechsel angeregt ist und wir mehr Kalorien verbrennen.

Lachende Kinder
in Schule und Elternhaus

„Eine glückliche Mutter ist für die Kinder lehrreicher als hundert Lehrbücher über Erziehung."
Sprichwort

In vielen Ratgebern liest man, wie Eltern ihre Kinder erziehen sollen, aber nur selten findet man dort etwas darüber, was Eltern brauchen, um überhaupt in der Lage zu sein, ihren Kindern das zu geben, was diese brauchen. Kindererziehung funktioniert nicht, wenn die Eltern missmutig, überfordert oder gestresst sind. Da können die Eltern noch so viele Erziehungsratgeber lesen, sie werden die Ratschläge nicht umsetzen können. Die Eltern müssen dafür sorgen, dass es ihnen selber gut geht, dass sie Freude im Alltag haben. Dann entsteht ganz automatisch ein fröhlicher Familienrahmen, in dem sich das Kind entwickeln kann. Auch das Kind wird dann zur Freude und nicht zur Last, egal welche Schwierigkeiten es hat.

Gemeinsames Lachen in und mit der Familie lässt die Beziehungen besser gelingen. Wenn man über Fehler lachen kann, vor allem über die eigenen, wenn man über Konflikte lachen kann statt sich darüber zu streiten, dann hat die Beziehung Bestand, dann gelingt das Familienleben. Die Eltern müssen glücklich sein, um das Kind glücklich ma-

chen zu können, um die von Natur aus gegebene Fröhlichkeit des Kindes zu erhalten und zu fördern.
Ein fröhliches und liebevolles Zuhause ermöglicht dem Kind eine positive Lebenseinstellung. Das Kind lernt, mit Humor und Liebe Krisen zu überstehen und aus ihnen gestärkt hervorzugehen. Durch eine humorvolle Atmosphäre in der Familie hat das Kind die Chance, mit Zuversicht und Optimismus in die Welt zu ziehen und den Menschen mit Herzlichkeit und Nachsicht zu begegnen. Wenn Kleinigkeiten im Alltag wertgeschätzt werden, der Augenblick genossen wird und über Neues gestaunt wird, wenn der Blick auf das Unbeschwerte und Komische gerichtet ist, wenn alle einander dankbar sind, dann entsteht Freude. Und Eltern können das dem Kind vorleben. Ein freudiges Miteinander ist so wertvoll. Und wo Freude ist, da wird auch gelacht.

Wenn wir mit unseren persönlichen Problemen oder Eigenschaften und den Problemen und Eigenschaften unserer Kinder humorvoll umgehen, bildet sich leichter eine Atmosphäre von gegenseitigem Wohlwollen und gegenseitigem Verständnis und Respekt. Es wird spielerisch eine notwendige Distanz zum Ehepartner, zum Kind und zu sich selbst ermöglicht. In kritischen Konfliktsituationen kann das sehr hilfreich sein.

In jedem Kind steckt der Drang albern und witzig zu sein. Wenn wir diesen ersten Albernheiten und

Witzen ermunternde Aufmerksamkeit schenken, dann kann das Kind wachsen, dann kann sich der Humor des Kindes entwickeln. Und Humor kann das Familienleben durchaus bereichern. Kinder wissen, wie das Leben funktioniert, was wichtig ist. Sie leben noch im Hier und Jetzt. Deshalb sollten wir viel mehr von den Kindern abschauen und unsere Erziehung danach richten. Statt Kinder zu rügen, sollten wir das Ganze mit Humor angehen.

Nachfolgend ein paar Beispiele aus dem Leben:

Beispiel 1:
Das Kind ist gereizt.
Wenn ein Kind gereizt ist, hilft oft schon ein humorvoller Blick und das Kind lacht wieder. Und uns und dem Kind geht es viel besser als wenn wir uns aufgeregt hätten. Ein Lächeln, eine witzige Bemerkung sorgen dafür, dass wir die Dinge nicht ernster nehmen als sie sind.

Beispiel 2:
Das Kind rennt im Übermut durch den Supermarkt und wirft dabei etwas um.
Wir können dem Kind nun Böswilligkeit unterstellen. Wir können den Vorfall aber auch als ein Missgeschick akzeptieren, das aus der großen Lebenslust des Kindes entstanden ist. Wenn wir jetzt humorvoll reagieren, entzieht das dem kleinen Vorfall den großen Ernst und bringt das Kind und uns auf eine ande-

re Kommunikationsebene. Ein gemeinsames herzhaftes Lachen kann helfen, einigen Missgeschicken oder Problemen die scheinbare Schwere zu nehmen und einen Blick auf das Positive zu wenden.

Beispiel 3:
Das Kind verschmiert seinen Pullover am Frühstückstisch mit Nutella.
Hier ist nicht Schimpfen angesagt. Auch ein genervter oder ärgerlicher Blick verunsichert das Kind und die Gefahr ist groß, dass ihm das Missgeschick wieder passieren wird. Ein liebevolles Schmunzeln reicht, um dem Kind zu signalisieren, dass alles in Ordnung ist. Das Kind wird nächstes Mal von sich aus besser aufpassen.

Beispiel 4:
Das Kind will sein Zimmer nicht aufräumen.
Wenn wir das Kind zwingen, sein Zimmer aufzuräumen, macht es das Kind vielleicht, aber nur widerwillig und es herrscht schlechte Stimmung. Wenn wir aber z. B. eine Handpuppe nehmen und die Handpuppe stellt fest, wie unaufgeräumt das Zimmer ist, dann findet das Kind es witzig und es wird von sich aus das Zimmer ohne Murren und ohne Unzufriedenheit aufräumen. Nach dem Aufräumen kann die Puppe wieder kommen und das Kind loben oder sie kann dem Kind auch beim Aufräumen helfen.

Beispiel 5:
Die Familie steht mit dem Auto in einem längeren Stau. Irgendwann entsteht Unruhe und Genervtheit im Auto.
Durch lustige Wortspiele und Scherzfragen wird die Atmosphäre schnell aufgelockert und die Stauzeit wird zu einer aufgeheiterten Zeit.

Beispiel 6:
Das Kind macht eine freche Bemerkung oder meckert herum.
Viele Eltern sehen das als Angriff oder Respektlosigkeit und legen einen harten Befehlston an. Doch es ist meist weder das eine noch das andere. Mit einem herzlichen Lächeln oder mit einer heiteren Aussprache erreichen wir mehr. Scheinbar unüberwindliche Widerstände lassen sich so relativieren und Gebote und Verbote können dann leichter durchgesetzt werden.

Beispiel 7:
Das Kind bockt oder ist zornig.
Auch hier ist schimpfen nicht angebracht. Ich erlebe immer wieder, wie es wirkt, wenn ein Kind überrascht wird. Wenn bei mir ein Kind im Kindergarten bockt oder zornig ist, dann sage ich etwas Witziges oder ich spreche in Gromolo (Spielsprache). Das Kind ist überrascht und ist sofort ganz bei mir. Der Wutanfall ist vorbei und das Kind lacht.

Beispiel 8:
Die Eltern möchten, dass ihr Kind Gemüse isst, weil das viel gesünder ist als Süßigkeiten. Aber das Kind weigert sich.
Statt das Kind zu schimpfen oder zu zwingen, Gemüse zu essen, ist es besser, verschiedene Gemüsesorten in Form zu schneiden und z. B. als Clownsgesicht auf den Teller zu legen. Es muss etwas Nettes, Lustiges sein. Dann erfreut sich das Kind an dem Anblick und isst das Gemüse ohne Widerrede. Essen wird dann zum Spiel.

Beispiel 9:
Das Kind bringt immer wieder neue Schimpfwörter mit nach Hause, die es dann eine Weile ständig sagt.
Aufregen und verbieten nützt hier nichts. Das schafft nur eine schlechte Stimmung. Oft weiß das Kind gar nicht, was das Wort bedeutet. Es hat es einfach irgendwo gehört und plappert es nach. Wenn wir über die Wörter schmunzeln, wird das Kind aufhören, diese Wörter zu sagen. Aber je mehr wir das Wort verbieten, desto öfter wird das Kind dieses Wort sagen.

Beispiel 10:
Das Kind macht sich über seinen Pipi oder andere Körperteile lustig. In seinem Wortschatz kommen sehr häufig Wörter wie „Kacka" und „Pipi" oder andere Wörter aus dem Körperbereich vor.

Es nützt nichts, wenn wir dem Kind diese Wörter verbieten. Schauen wir doch einfach darüber hinweg und schmunzeln. Die Phase geht vorbei. Jedes Kind hat ein Phase, in der es sich mit diesen für uns meinst peinlichen Wörtern beschäftigt. Es verarbeitet damit unbewusste Ängste, sexuelle oder aggressive Regungen. Es macht sich mit Worten über alles lustig, wodurch es am Körper verwirrt wird. Wenn Kinder über Körperfunktionen lachen, nehmen sie ihnen ihre Bedrohlichkeit. Wenn ein Kind sich in der Sauberkeitserziehung über seinen Pipi lustig macht, hilft ihm der Humor, mit seinen Gefühlen der Peinlichkeit umzugehen.

Mit einer humorvollen Grundhaltung können auch schwierige und angespannte Situationen geduldig und mit einer gewissen Gelassenheit ertragen werden. Gelassenheit und Humor bringt viel mehr als Strenge, Gewalt und Ernst. Das letztere lässt nur Ängste im Kind entstehen. Ein Kind muss nicht immer zurecht gewiesen werden. Bei Schwierigkeiten und Streit reicht oft schon eine witzige Bemerkung, um die ganze Sachlage zu entspannen. Durch die kurze Erheiterung kommt es zu einem Perspektivenwechsel. Ein Lächeln oder eine witzige Bemerkung relativieren die Erziehungsfronten und schon nehmen wir die Dinge nicht ernster als es ihnen zusteht. Humorvoll auf alltägliche Situationen zu reagieren bedeutet nicht, dass sich das Kind alles erlauben darf. Es gelten trotzdem Regeln und es werden trotzdem Grenzen gesetzt. Aber wenn eine Autoritätsperson gelassen und humorvoll ist, lassen sich diese viel leichter durchsetzen. Die Grundpfeiler einer humorvollen Erziehung sind: Vertrauen, Güte, Mitgefühl und Wertschätzung.

Ein fröhliches Kind ist ausgeglichener und bei seinen Mitmenschen beliebter als ein Kind, das nicht lacht, keinen Humor versteht, dem das Lachen vergangen ist. Kinder, die viel lachen, bauen ihre Aggressionen besser ab und davon profitiert die ganze Familie. Eine humorvolle Grundeinstellung fördert außerdem die Frustrationstoleranz des Kindes und steigert seine soziale Kompetenz.

Freudige und humorvolle Kinder kommen mit sich und der Welt besser klar als andere. Lachende, fröhliche Kinder geben uns die Bestätigung, dass wir als Eltern unsere Sache gut machen. Auch was die Schule betrifft, muss man lockerlassen und den Kindern den Druck von der Seele nehmen. Dann läuft das Lernen oft wie von selbst. Schule ist nicht alles und es muss auch nicht immer das Gymnasium sein. Warum dem Kind den Stress antun? Lernen basiert auf persönlicher Beziehung. Keine Bildung ohne Bindung. Das allererste was ich mache, wenn ein neues Kind, ein neuer Schüler zu mir in die Lerntherapie kommt, ist, eine Bindung zu ihm aufbauen. Lächeln ist der kürzeste Weg dazu.

Spaß hilft beim Erreichen bestimmter Erziehungsziele. Humorvolle Kinder verfügen oft über ein hohes Maß an sozialer, kognitiver und emotionaler Kompetenz, weil sie die Reaktion des Gegenübers gedanklich vorwegnehmen können und besser in der Lage sind, zwischen Fakten und Fantasie zu unterscheiden. Mit lustigen Einlagen können wir Erziehungsziele erreichen, die wir mit Ernst, Streit und Kampf niemals schaffen würden. Eines der wichtigsten pädagogischen Ziele ist für mich das Erhalten der kindlichen Lebensfreude. Dadurch kann das Kind im Kind weiterleben.

Lachen ist unser Startkapital, das wir entwickeln und pflegen müssen. Dazu trägt der Reifungsprozess des Gehirns bei, aber auch die im Laufe der Entwicklung gesammelten Erfahrungen mit Lachen und Humor. Kinder sind nur so humorvoll, wie wir es zulassen. In der Erziehung können wir den Humor am effektivsten einsetzen, wenn er mit der Stufe der kindlichen Entwicklung übereinstimmt. Deshalb ist es wichtig, zu wissen, in welchem Alter ein Kind welchen Humor versteht.

Kinder sind neugierig auf alle Dinge, die für uns Erwachsene selbstverständlich sind. Sie sind solange neugierig, bis wir Erwachsene in ihre Neugierde eingreifen. Das geschieht oft durch den Satz „Jetzt beginnt der Ernst des Lebens", den viele Kinder beim Schulanfang hören. Die meisten Kinder freuen sich auf die Schule. Sie sind süchtig nach Wissen. Kinder saugen alles auf, stellen Fragen und lieben es, den Erwachsenen zuzuhören. Aber mit obigem Satz entmutigen wir sie. Warum nehmen wir den Kindern die Freude aufs Lernen? Warum machen wir die Schule zu etwas Ernstem, schon vor sie begonnen hat? Es spricht nichts dagegen, Schüler humorvoll auf das Leben vorzubereiten, ganz im Gegenteil. Humor und Lachen fördert die Fähigkeit, die eigenen Ressourcen zu erkennen. Warum kann das Kind nicht einfach weiterspielen, wenn es in die Schule kommt? Es ist noch ein Kind und braucht das Spiel.

Ich bin Lerntherapeutin, aber auch Clown. Oft werde ich gefragt, wie das zusammenpasst. Es passt optimal zusammen. Der Clown lässt sich sehr gut ins Lernen integrieren. Lachen und Lernen, eine bessere Kombination gibt es nicht. Für mich gehört Lernen und Lachen zusammen. Humor fördert das Gedächtnis und den Einfallsreichtum der Kinder, die das heiter Erlebte mit dem Lernstoff in Verbindung bringen und sich dann an beides nachhaltig erinnern. An einen ohne Spaß gesehenen oder gehörten Lernstoff erinnern sich Kinder viel weniger. Wenn der Lehrer Humor hat, dann wird er einer von den Schülern. Die soziale Barriere zwischen Lehrer und Schüler wird abgebaut.

Beim Spiel sind Kinder unbefangen und lachen häufig. Deshalb spiele ich in der Lerntherapie viel mit den Kindern. Der gesamte Grundschulstoff kann spielerisch und ganzheitlich geübt werden. Auch in höheren Klassen kann noch viel mit Spielen gearbeitet werden. Spiele, die den Körper miteinbeziehen vermitteln wirkliches Wissen. Und die Kinder haben Spaß. Sie merken oft gar nicht, dass sie lernen und sind überrascht, dass die Unterrichtsstunde schon vorbei ist. Sie verläuft im Nu. Ich machte mit einem Kind, das nicht lesen wollte, ein Würfelspiel, bei dem es nach jedem Würfelwurf die entsprechende Anweisung des Feldes lesen und ausführen musste. Es waren körperliche Übungen zu machen. Nach der Stunde sagte das Kind zu mir: „Weißt du, was ich gut bei dir finde? - Bei dir muss ich überhaupt nicht lesen." Das Kind hat nicht gemerkt, dass es die ganze Stunde gelesen hatte. Es hat an dem Spiel so viel Freude gehabt, dass diese im Vordergrund stand. Wenn Kinder von Herzen gern lernen, dann gelingt es ihnen auch. Je mehr Freude ein Kind beim Lernen hat, desto mehr bleibt hängen. Bevor ein Kind in die Schule kommt, lernt es gerne und freiwillig. Es lernt im Spiel. Kleine Kinder verdoppeln alle paar Tage ihr Wissen, weil sie von Natur aus neugierig sind. Und Neugierde regt an, Neues auszuprobieren. Die Kinder lernen durch experimentieren. Das sollte in der Schule auch so gemacht werden.

Wenn ein Kind etwas interessiert, dann ist es auch in der Lage, es zu lernen, weil es ihm Spaß macht. Ein Kind sollte das Lernen lieben. Es sollte wissen, was es lernen will und warum es genau das lernen will. Es muss einen Sinn im Lernen sehen. Wenn es nur lernt, weil es lernen muss, macht Lernen keinen Sinn. Es macht nur Sinn, wenn das Kind mit dem Lernstoff etwas anfangen kann, ihn im Alltag anwenden kann. Und wenn das Kind sein Wissen sofort umsetzen kann, dann macht es ihm Spaß, weil es dann einen Sinn dahinter sieht.

Kinder, die das Lernen humorvoll und lachend verrichten, die einen Spaß daraus machen, wird oft unterstellt, dass sie die Arbeit nicht ernst genug nehmen. Mit dieser Aussage zerstören wir die Motivation der Kinder, den spielerischen Trieb, Neues lernen zu wollen. Wir müssen froh sein und Gott danken, dass das Kind Freude am Lernen hat. Kinder müssen gerne zur Schule gehen, denn nur dann können sie mit Freude am Unterricht teilnehmen und gute Ergebnisse erzielen. Wenn ein Lehrer den Unterricht humorvoll und interessant gestaltet, bleibt die Konzentration der Kinder erhalten. Sie sind voll dabei und können deshalb den Lernstoff nachhaltig aufnehmen. Sinnvolle Hausaufgaben befördern den Lernstoff ins Langzeitgedächtnis. Die Betonung liegt auf sinnvoll.

Ein Kind, das in einem angstfreien und angenehmen Klima lernt, fühlt sich wohl. Wenn dann noch Humor dazukommt, gelingt das Lernen ohne Probleme. Das Gedächtnis und der Einfallsreichtum des Kindes werden gefördert und das Kind bringt das heiter Erlebte mit dem Lernstoff in Verbindung und kann sich später an beides erinnern. Inhalte werden besser behalten, wenn genug Serotonin im Gehirn ist. Und wenn ein Kind lacht, wird Serotonin gebildet. Kinder sollen nie die Freude am Lernen verlieren. Lernen soll Spaß machen. Lachen ist eine Emotion und über Emotionen kann man sich den Schulstoff besser merken. Lachen erhöht die Sauerstoffversorgung des Gehirns und das wiederum verbessert die Leistungsfähigkeit des Gehirns. In einer fröhlichen Lernatmosphäre lernt es sich leichter. Sie kann als Motor der Ermutigung und Förderung einzelner Schüler gesehen und genutzt werden.

Bei einer humorvollen Grundhaltung des Lehrers erledigen Kinder Ihre Aufgaben schneller als bei Lehrern, die keinen Humor haben. Humorvolle Lehrer zeichnen sich durch Optimismus aus. Diese Grundhaltung wird auf die Kinder übertragen und sie können besser mit ihren Sorgen und Problemen umgehen. Lehrer trauen optimistischen Kindern mehr zu. Das wiederum stärkt das Selbstvertrauen und die Leistungsfähigkeit der Kinder.

Humor in der Schule bedeutet nicht, die ganze Schulstunde nur Witze zu reißen. Der Unterricht sollte nicht einer Comedy-Show gleichen. Ein Lehrer, der zu viel Witze reißt und zu oft Späße macht, wird von seinen Schülern nicht mehr ernst genommen. Es kommt immer auf das richtige Maß im richtigen Moment beim richtigen Kind an. Humor ist situations- und gefühlsabhängig. Das muss ein Lehrer wissen, d.h. ein und dieselbe humorvolle Bemerkung kann in unterschiedlichen Situationen und bei unterschiedlichen Kindern verschiedene Auswirkungen haben und je nach persönlicher Verfassung unterschiedlich aufgenommen werden. Was für den einen harmlos und lustig ist, geht beim anderen schon zu weit. Der Lehrer muss deshalb ein feines Gespür für die Kinder seiner Klasse entwickeln. Jeder Lehrer sollte außerdem Kenntnisse über die Humorentwicklung des Kindes haben.

Mit ironischen Bemerkungen muss vorsichtig umgegangen werden. Im Grundschulalter beginnen Kinder zwar allmählich, den unterschwelligen und nicht wörtlich gemeinten Sinn einer ironischen Aussage zu verstehen, doch die Entwicklung ist nicht bei jedem Kind gleich. Ironie darf erst eingesetzt werden, wenn ein Kind versteht, dass eine falsche Aussage nicht nur ein Irrtum oder ein Lüge ist, sondern auch eine humorvoll gemeinte Äußerung sein kann. Ironische Aussagen sind immer doppeldeutig. Man muss zwischen wortgetreuer und ironischer Bedeutung unterscheiden. Die Aussagen können nur aus einem konkreten Kontext heraus verstanden werden. Eine ironische Bemerkung des Lehrer, die das Kind nicht versteht, wirkt verletzend und entwertend auf das Kind. Wenn ein Kind jedoch auf dem Entwicklungsstand ist, dass es Ironie versteht, kann der Lehrer einem direkten Konflikt mit Ironie entgehen und trotzdem das Problem ansprechen oder auf den Punkt bringen.

Humor hilft, Lern- und Schulängste abzubauen oder erst gar nicht entstehen zu lassen. Humor stärkt die Persönlichkeitsentwicklung des Kindes, erhöht die Freude und Motivation am Lernen. Humor stärkt das positive Verhältnis zwischen Lehrern und Schülern, entspannt die Lernatmosphäre. Humor weckt das Interesse, erhöht die Aufmerksamkeit und die Konzentrationsbereitschaft. Mit Humor kann der Lernstoff besser behalten werden. Humor fördert die sprachliche Intelligenz und Kreativität und steigert die Kontaktbereitschaft, das Selbstwertgefühl und die soziale Kompetenz.

Wenn Lehrer und Schüler sich gegenseitig zum Lachen bringen lernen Kinder die sozialpsychologischen Grundlagen. Sie lernen, aufeinander zuzugehen, ihre Ängste abzubauen, Vertrauen zu anderen Menschen zu fassen, aggressionsfrei miteinander zu kommunizieren. Zudem können sie die eigenen emotionalen Frustrationen humorvoll abbauen.

Aber Humor entsteht nicht auf Knopfdruck. Humor ist emotional und es braucht eine hohe Empathie des Lehrers gegenüber seinen Schülern. Nur wer seinen Beruf liebt, strahlt Freude aus und diese Freude wirkt ansteckend, überträgt sich auf die Schüler und aufs Lernen. Ein Lehrer, der seinen Beruf nicht liebt, wird auch die Schüler nicht mögen und es kann kein Humor entstehen. Der Lehrer sollte für die Schüler da sein, wenn sie ein Problem haben und zwar nicht immer nur mit ernster, sondern auch mit fröhlicher Miene. Ein Lehrer sollte positiv gegenüber seinen Schülern eingestellt sein. Dann fühlen sie sich wohl und geschätzt. Und das ist die Voraussetzung, damit eine vertrauensvolle Lernatmosphäre geschaffen werden kann. Ein Lehrer sollte mit seinen Schülern nur so sprechen, wie er es umgekehrt auch akzeptieren würde.

Humor kann auf das lernende Thema umlenken, es kann einen Bezug herstellen. Humor in der Schule sollte auf den Lernstoff bezogen sein. Wenn der Humor direkt an das zu lernende Material angrenzt, erzeugt er eine Assoziation, die das Erinnern erleichtert. Humor kann das Lernen unterstützen. Es erhöht die positive Stimmung, die Motivation und die Aufmerksamkeit. Lehrkräfte, die ihren Unterricht mit Humor gestalten, werden positiver von den Schülern bewertet und werden effektiver wahrgenommen. Humorvolle Lehrer sehen die Schüler nicht als Objekte oder Nummern. Sie bauen eine

Beziehung zum Schüler auf. Humor fördert die Beziehung. Und eine gute Beziehung zum Kind ist sowohl für die Eltern als auch für die Lehrkräfte wichtig. Humor weckt die Aufmerksamkeit, entschärft Krisen und vermittelt Kindern, wie sie mit den Unannehmlichkeiten des Lebens fertig werden. Der Humor des Lehrers kann Beklemmungen der Schüler lösen. Humor stellt Nähe dar. Die Distanz zur Lehrkraft wird verringert.

Ein Lehrer kann durch seinen Humor eine belastende Situation entkrampfen. Gerade im Unterricht kann Humor gezielt genutzt und gelenkt werden. Richtig eingesetzt, kann Humor viel bewirken. Es bieten sich so viele Chancen für humorvolle Augenblicke. Wichtig ist, dass Humor pädagogisch sinnvoll eingesetzt wird, z. B. mit spaßbringenden Spielen, Aktionen und Arbeitsmitteln. Auch Arbeitsblätter können witzig gestaltet werden und Grammatik kann mit lustigen Sätzen und Texten geübt werden.

Als Lehrer ist es wichtig, ein Gefühl für die aktuelle Atmosphäre in der Klasse zu entwickeln und Klarheit über das körperliche und mentale Befinden der Schüler und sich selber zu gewinnen. Er sollte die Störfaktoren ernst nehmen und geeignete Unterbrecher einbauen. Wenn eine Klasse keine Lust mehr hat, zu lernen, dann ist eine kurzfristige Unterbrechung angesagt, damit die Schüler mental wieder frisch werden. Der Lehrer kann irgendetwas Witziges sagen oder ein kleines lustiges Spiel mit den Schülern spielen und schon ist Auflockerung da. Die Schüler müssen die Aufgaben trotzdem machen, aber sie empfinden sie danach weniger belastend als zuvor und erledigen sie schneller und besser.

Der gesündeste Humor mit den meisten positiven Effekten ist der selbstaufwertende Humor, bei dem es gelingt, komische Situationen heiter und souverän zu meistern. Ein Lehrer, dem die Kaffeetasse umfällt und der Kaffee über die Arbeitsblätter läuft, könnte es humorvoll nehmen und sagen: „Jetzt ist der Unterrichtsstoff wenigstens nicht so trocken!" Das Lachen der Schüler ist garantiert und der Unterricht ist aufgelockert. Die besten Leistungen werden erbracht, wenn Lehrer es schaffen, sogar bei Stress eine humorvolle Perspektive zu behalten. Schüler müssen für das Unterrichtsfach begeistert werden und Kinder lassen sich sehr schnell begeistern. Sie sind reich an Fantasie, können so schön ausgelassen sein. Das ist nicht nur ansteckend, sondern entzieht uns sofort unsere schlechte Laune. Viel von der kindlichen Unbeschwertheit ist uns Erwachsenen leider verloren gegangen.

Nachfolgend ein paar Beispiele, wie Lehrer in der Schule bei Problemen mit den Schülern humorvoll reagieren könnten.

Beispiel 1:
Ein Kind sitzt sehr lange an einer Aufgabe.
Der Lehrer kann ungeduldig werden und das Kind drängen, schneller zu arbeiten. Er kann ihm androhen, dass er alles zuhause machen muss, wenn er nicht fertig wird oder er kann ihn als Trödler oder Dummerchen bezeichnen. Damit wird er aber beim Kind nur erreichen, dass das Kind seine Lust am Lernen verliert. Wenn der Lehrer das Kind aber gewähren lässt, nur evtl. einen kleinen Hinweis gibt, wird es dem Kind gelingen, die Aufgabe selbständig zu lösen und das löst Freude beim Kind aus. Es läuft lachend zum Lehrer und ist stolz, die Aufgabe gelöst zu haben.

Beispiel 2:
Der Lehrer sagt eine abfällige Bemerkung oder sonst etwas Gemeines zu einem Kind. Das Kind macht „Pffft" und lacht. Alle Mitschüler lachen mit.
Wenn der Lehrer zu einem Kind gemein ist, kann das Kind anschließend seine Aggressionen an seien Mitschülern rauslassen, weil es an den Leser nicht rankommt. Aber die Mitschüler können nichts dafür. Also ist die bessere Lösung das „Pfffft" des Kindes. Die anderen Kinder lachen und dem Kind geht es besser. Es hat der Gemeinheit des Lehrers Humor entgegengesetzt. Schule ist, wenn man trotzdem lacht. Hier hat sich das Kind selber geholfen. Und der Lehrer sollte daraus lernen.

Beispiel 3:
Ein Pubertierender labert den Lehrer blöd an.
Nun kann der Lehrer wütend werden, ihn zusammenstauchen oder ihn strafen. Aber der Schüler wird dadurch sein Verhalten nicht ändern, im Gegenteil – der Lehrer bekommt wieder eine blöde Antwort. Lehrer dürfen die Schüler in der Pubertät nicht so ernst nehmen. Besser ist es, gemeinsam mit dem Schüler über die Bemerkung zu lächeln, es gelassen zu nehmen. Der kürzeste Weg ist immer ein Lächeln. Wenn etwas nervt, stört oder einen ärgert, kann mit einer gelassenen Reaktion mit Blick auf das Positive ein Perspektivenwechsel erreicht werden.

Beispiel 4:
Der Lehrer steht mit dem Rücken an der Tafel. Als er sich umdreht, fängt die Klasse an zu lachen. Die Kreide hat auf seinen Pullover abgefärbt.
Der Lehrer kann nun um Ruhe bitten, sich aufregen und schimpfen. Die bessere Lösung wäre, es mit Humor zu lösen, indem er mit den Schülern versucht, die Geheimschrift (Die Schrift wird ja in Spiegelschrift auf dem Pullover abgebildet) zu entziffern. Die Schüler sind dann baff. Da muss ein Lehrer spontan reagieren, denn so etwas lässt sich nicht planen. Mit spontanen Einfällen können die Lehrer gewisse knifflige, ungünstige Situationen entschärfen. In der Schule wird viel zu viel moralisiert, bestraft und verurteilt.

Beispiel 5:
Der Lehrer macht an der Tafel einen Fehler. Die Kinder lachen.
Nun kann der Lehrer sich natürlich über das Gelächter aufregen, denn einen Lehrer lacht man nicht aus. Er kann die Schüler auch bestrafen. Aber warum dieser Stress. Viel angenehmer ist es für alle, wenn der Lehrer seinen Fehler humorvoll nimmt, wenn er über sich selber scherzt, eine kleine sarkastische Bemerkung über den Fehler macht. Dann lachen alle und danach kann der Unterricht wieder entspannt fortgeführt werden. Wenn in der Klasse gemeinsam über etwas gelacht wird, schweißt das zusammen. Es vertreibt die schlechte Stimmung und stärkt die zwischenmenschliche Bindung.

Beispiel 6:
Ein Kind spielt immer wieder den Klassenclown und stört den Unterricht.
Klassenclowns werden von den Lehrern leider zu oft zurechtgewiesen und bestraft. Das ändert aber nichts an ihrem Verhalten, denn der Klassenclown bekommt mit dieser Maßnahme nicht das, was er wirklich braucht. Ein Klassenclown ist meist ein Kind, das in der Schule mit seinen kognitiven Leistungen nicht glänzen kann und wird deshalb von der Klasse und vom Lehrer nicht anerkannt. Das könnte das Kind aggressiv oder depressiv werden lassen, aber es wählt die bessere Methode. Es macht Späße, versucht witzig zu sein, um die Klas-

se auf seine Seite zu ziehen. Der Klassenclown ist die positive Antwort auf Aggressionen. Wenn die Lehrer das sehen würden, dann würden sie ihn anders behandeln.

Beispiel 7:
Das Kind macht viele Fehler beim Diktat.
Der Lehrer kann die Fehler rot anstreichen und unter das Diktat schreiben „Du musst mehr üben." oder „Das war wohl nicht so toll. Streng dich mehr an." Aber das hilft dem Kind nicht. Das Kind wird nur frustriert und bekommt Angst, nächstes Mal wieder Fehler zu machen. Die bessere Lösung ist, mit den Fehlern zu spielen. Der Lehrer kann z. B. mit einer Lupe nach den Fehlern suchen, evtl. mit dem Kind gemeinsam und dann sagen „Hab ich dich endlich erwischt." oder er kann bei jedem Fehler etwas Lustiges sagen. Das Kind findet es witzig und lacht. Es merkt sich die Schreibweise der Wörter, über die der Lehrer eine witzige Bemerkung gemacht hat und wird diese Fehler beim nächsten Mal nicht mehr machen. Es merkt auch, dass Fehler nicht schlimm sind, dass man aus Fehlern lernen kann. Es darf aber nie über das Kind gelacht werden, das Fehler macht oder mit Lachen oder Grinsen auf seine Fehler aufmerksam gemacht werden, denn da würde sich das Kind bloßgestellt fühlen. Gemeinsames Lachen über die Fehler tut hingegen gut.

Das Problem mit den Fehlern entsteht erst in der Schule. Für ein kleines Kind gibt es keine Fehler. Wenn etwas nicht funktioniert, wird es auf eine andere Art gemacht. Aber wir Erwachsene meinen immer, wir müssen nach Fehlern suchen. Das nimmt die ganze Freude an einer Sache.

Ein kleines Kind, das ein Bild gemalt hat, überreicht es stolz seiner Mama. Doch manch eine Mama weist das Kind darauf hin, dass der Baum doch Blätter haben muss und beim Haus der Schornstein fehlt. Die Freude des Kindes ist weg, denn es hat etwas falsch gemacht. Das Kind muss nicht auf die fehlenden Dinge hingewiesen werden. Wenn es reif genug ist, malt es die Dinge von sich aus dazu. Wenn wir Erwachsene etwas malen, entschuldigen wir uns oft schon im Voraus für scheinbare Fehler. Wenn wir eine Kleinigkeit nicht richtig hinbekommen, sagen wir: „Ich habe noch nie zeichnen können." oder: „Gesichter kann ich einfach nicht zeichnen." Wir sagen das, weil wir gelernt haben, dass Fehler peinlich sind. Seit unserer Schulzeit hören wir Sätze wie „Das ist falsch." oder „Du kannst das nicht." Irgendwann glauben wir es und trauen es uns nicht mehr zu. Warum malen wir nicht einfach drauflos wie ein Kind und haben Spaß daran? Darauf kommt es doch an. Ein kleines Kind lacht über seine Fehler, über sich selbst. Warum machen wir es den Kindern nicht nach? Bilder, die aus Freude gemalt werden, sind die besten Bilder.

Schüler müssen lernen, dass Fehler okay sind. Niemand ist ohne Fehler, auch der Lehrer nicht. Und es ist wichtig, dass auch ein Lehrer seine Fehler zugibt, damit die Schüler sehen, dass auch er nicht vollkommen ist. Wenn ich einen Fehler mache und ihn vor den Schülern zugebe, merke ich, wie erleichtert sie sind. Sie fühlen sich dann gleich weniger dumm. Sie sehen, dass auch Erwachsene Fehler machen und dass Fehler nichts Schlimmes sind. Aber in der Schule sind Fehler schlimm, weil sie sich auf die Noten auswirken. Das verdirbt den Kindern die Freude am Lernen. Wenn das Kind anfängt zu üben, dann fühlt es sich dumm, weil es gelernt hat, dass Fehler schlimm sind.

Die größte Barriere, etwas Neues zu lernen ist emotional. Das Kind hat einfach Angst. Es ist die Angst vor der Anstrengung, denn es braucht viel Anstrengung, etwas zu machen, was absolut keinen Spaß macht. Es ist die Angst, viel Zeit zu investieren und danach doch nichts von dem Gelernten behalten zu können oder nichts mit dem Gelernten anfangen zu können. Es ist die Angst, zu viele Fehler zu machen und sich danach dumm oder noch dümmer zu fühlen.

Die Schule müsste den Kindern das Gefühl übermitteln, dass Fehler und Fragen erwünscht sind. Solange das Kind den Eindruck hat oder sogar mitgeteilt bekommt, dass Fehler schlimm sind und nur dumme Schüler Fragen stellen, kann keine Motivation zum Lernen aufkommen. Manche Schüler bekommen sogar Notenabzug, wenn sie eine laut Lehrer „dumme" Frage stellen. Aber es gibt keine dummen Fragen. Jede Frage ist wichtig und jede Frage ist es wert, gestellt und beantwortet zu werden. Fragen sollen den Schülern nicht das Denken abnehmen. Die Fragen sollten vom Lehrer so beantwortet werden, dass die Antwort dem Kind hilft, weiterdenken zu können.

Lehrer sollten sich nicht so sehr auf Fehler fokussieren sondern vielmehr darauf, Übungen anzubieten, die die Schüler motivieren. Motivierende Übungen machen Spaß, fördern das Miteinander und wirken sich positiv auf die Konzentration der Schüler aus. Der Schulalltag wird aufgelockert und mit Freude geht alles leichter.

Mit Vergnügen in die Arbeit

„Es geht um Freude an der Arbeit. Es gibt kein größeres Glück als die Erkenntnis, dass wir etwas erreicht haben."
Henry Ford (1863 – 1947) – Gründer der Ford Motor Company

Statt „Nach der Arbeit das Vergnügen" muss es heißen „Mit Vergnügen in die Arbeit". Jemand hat den richtigen Beruf und die richtige Arbeitsstelle gewählt, wenn er jeden Tag gerne zur Arbeit geht, wenn er sich auf die Arbeit freut. Das hängt zum einen von der einzelnen Person selber ab, zum andern aber von den Mitarbeitern und Führungskräften. Führungskräfte stehen unter Konkurrenzkampf und verlieren oft durch den ständigen Druck, Leistung erbringen zu müssen, durch das Streben nach Erfolg und Anerkennung den Spaß und die Lockerheit. Aber nicht dem ernsten, autoritären Chef gehört die Macht, sondern dem humorvollen und menschlichen Chef. Humor ist Macht.

Auch Führungskräfte können und dürfen Fehler machen. Sie dürfen auch zu diesen Fehlern stehen und darüber lachen. Sie verlieren dadurch nicht ihre Kompetenz oder Seriosität. Im Gegenteil, sie gewinnen an Nähe und Menschlichkeit. Der Umgang mit den eigenen Emotionen ist für den Erfolg eines Menschen genauso wichtig wie sein IQ. Ein

Chef, der auch seine menschlichen Seiten zeigt, der humorvoll, freundlich und gelassen ist, der zuhören und über sich selber lachen kann, ist viel beliebter als ein strenger, autoritärer, distanzierter und schlecht gelaunter Chef und kann deshalb von seinen Mitarbeitern viel mehr einfordern. Er hat viel schneller ein motiviertes und produktives Team an Mitarbeitern. Die schlechte Laune eines Chefs überträgt sich auf seine Mitarbeiter und lähmt die Kreativität und das logische, strategische Denken.

Jedes Unternehmen, jede Einrichtung braucht motivierte Mitarbeiter. Wenn diese aber demotiviert sind, kann es nicht gut vorangehen, weil sie mit der Firma oder Einrichtung innerlich schon gekündigt haben. Sie haben keine emotionale Bindung und Loyalität. Es fehlt der Spaß an der Arbeit. Mitarbeiter werden dann oft auf Motivationsseminare geschickt, die aber meist nichts bringen. Wesentlich mehr bringt es, das Betriebsklima humorvoll zu gestalten. Wenn der Chef seine Mitarbeiter für gute Arbeit lobt, dann kommt Motivation auf, dann strengen sich die Mitarbeiter noch mehr an, denn sie fühlen sich wertgeschätzt und sind überzeugt, ein wichtiger Bestandteil des Unternehmens oder der Einrichtung zu sein. Ein ehrliches Kompliment mit einem Lächeln mitgeteilt ist das wertvollste Geschenk, das der Chef einem Mitarbeiter machen kann. Es kostet nichts und bewirkt viel. Umgekehrt gilt natürlich dasselbe. Auch Mitarbeiter sollten ihrem Chef immer wieder Komplimente machen, einfach die Arbeiten des anderen anerkennen und wertschätzen. Dankbar sein für eine neue berufliche Herausforderung, für eine Weiterbildungsmöglichkeit, für einen neuen Schreibtischstuhl, usw. Dankbarkeit trägt so viel zu einem guten Betriebsklima bei. Nichts ist selbstverständlich. Wir müssen die Kleinigkeiten sehen, die andere Menschen für uns machen und dankbar sein. Dann kann auch Humor aufkommen und mit Humor geht alles besser. Humor erleichtert die Kommunikation, Humor verbindet, transportiert Botschaften einprägsam und nachhaltig. Humor ermöglicht es, Kritik besser anzunehmen und Stress besser zu bewältigen.

Ein humorvoller Mensch kann sich selbst motivieren und ist deshalb leistungsfähiger, gesünder, kontaktfreudiger, kreativer und erfolgreicher. Humor befreit die Menschen von ihrem Tunnelblick und gibt ihnen einen Blick auf das Ganze. Sie bekommen das Gefühl, eine sinnvolle Tätigkeit auszuführen, die vom Chef bewusst wahrgenommen wird. Das stärkt ihre Leistungsbereitschaft und Motivation. Arbeit, die mit Sinn und Freude getan wird, macht uns ausgeglichen, zufrieden und dankbar. Die Arbeit geht viel leichter von der Hand. Wenn die Arbeit keinen Spaß macht und keinen Sinn gibt, kommt es irgendwann zum Burnout.

Nur wenn die Mitarbeiter gute Laune haben und sich gegenseitig gerne und wertschätzend unterstützen, gerne zur Arbeit gehen und motiviert bei der Sache sind, kann die Zusammenarbeit gelingen und gute Arbeit verrichtet werden. Wir sollten uns jeden Tag freuen können, zur Arbeit zu gehen. Nur dann sind wir glücklich, denn immerhin verbringen wir acht Stunden am Tag am Arbeitsplatz. Wenn wir dort nicht zufrieden sind, dann wirkt sich das auch auf unser Privatleben aus.

Gemeinsames Lachen am Arbeitsplatz verstärkt die Kreativität, die Energie und die Motivation der Mitarbeiter und erhöht ihre Selbstsicherheit und emotionale Intelligenz. Auch Konflikte werden schneller gelöst. Wenn es gelingt, die Konfliktparteien zum Lachen zu bringen, ist der Konflikt schon fast gelöst. Durch Lachen wird das Zusammengehörigkeitsgefühl gestärkt und eine gute Atmosphäre geschaffen.

Humor am Arbeitsplatz hilft, wieder klar zu denken. Wenn wir z. B. bei der Arbeit das Gefühl haben, nicht mehr weiterzukommen, dann sinkt unsere Arbeitsleistung und wir bekommen schlechte Laune, was wiederum die Arbeitsleistung noch mehr verschlechtert. Eine kleine Humorpause hilft, die negativen Gefühle zu relativieren und danach gelingt uns die Arbeit wieder viel besser.

Mitarbeiter, die gerne lachen und fröhlich sind, wirken auf andere selbstbewusster. Sie werden als kompetenter wahrgenommen, ihnen wird mehr zugetraut und auch mehr Verantwortung übergeben. Humorvolle Menschen tragen aktiv dazu bei, dass sich jeder wohl fühlt und gerne zur Arbeit kommt. In einer humorvollen Atmosphäre entstehen die besten Ideen. Lächeln entspannt das Betriebsklima und gemeinsames Lachen schweißt zusammen und führt zu einer besseren Kooperation. Humor hebt die Laune. So werden Schwierigkeiten und belastende Situationen besser und schneller bewältigt und überwunden. Nach dem Lachen fühlen sich Menschen entspannter, heiterer und oft sind trübe Gedanken wie weggeblasen.

Kleine Überraschungen erstaunen und bringen Freude und Lachen ins Arbeitsleben, vor allem, wenn niemand damit gerechnet hat. Wenn z. B. die Leitung der Kinderstation im Krankenhaus einer Krankenschwester ein Blume gibt, weil sie zehn Minuten länger geblieben ist, dann entstehen in der Krankenschwester gute Gefühle. Sie freut sich, gerade weil sie es nicht erwartet hat und sie wird nächstes Mal gerne freiwillig länger bleiben. Wenn ein Mitarbeiter oder der Chef durchs Büro geht und jedem Mitarbeiter ein Gummibärchen auf den Tisch legt, ist das eine kleine Überraschung, die nicht viel kostet, aber eine große Wirkung hat. Im Restaurant könnten die Gäste mit lustig gestalteten Speisekarten angelockt werden. Die Laune der Gäste steigt, wenn sie die Speisekarte öffnen und sie kommen gerne wieder. Auf dem Markt in Isny steht seit Jahren ein Inder mit seinem Wagen. Zusätzlich zum wirklich guten Essen bekommen die Kunden ab und zu eine kleine Überraschung, z. B. ein Schoklädchen dazu. Das freut die Kunden, weil es eine Überraschung ist und es führt dazu, dass die Leute gerne wieder kommen.

Jede Arbeit sollte mit Begeisterung und Enthusiasmus getan werden. Love it, leave it or change it. Humor und Job gehören zusammen.

„In every job that must be done, there is an element of fun. Find this element of fun and it becomes a game."
(Mary Poppins (Musical-Fantasy-Film)

Humor im Alltag umsetzen

„Wer den Tag mit einem Lächeln beginnt, hat ihn bereits gewonnen."
Marcus Tullius Cicero (106 v. Chr. – 43 v. Chr.)
röm. Politiker, Anwalt, Schriftsteller und Philosoph

Aufstehen – Lächeln, den Tag begrüßen. Das sollten wir jeden Morgen machen. Und danach Gott um seinen Segen für den Tag bitten. Wenn das alle Menschen machen würden, wäre die Welt ein ganz großes Stück besser. Lachen ist uns angeboren. Was hindert uns daran, es zu verwenden?

Es gibt so viele Gelegenheiten, einander anzulächeln: im Bus, in der Straßenbahn, im Zug, auf der Straße, in einem Geschäft, usw. Wir müssen uns nicht neben jemanden setzen, ohne ihn anzuschauen, ohne ihn zu grüßen, wir müssen nicht an der Kasse stehen und uns über die lange Schlange aufregen. Wir können lächeln, für uns selber und für unser Gegenüber. Oft ergibt sich daraus ein schönes Gespräch. Alles wird kurzweiliger und schöner. Manchmal können wir dadurch Leute kennenlernen. Wir kommunizieren sowieso viel zu wenig miteinander. Ein Lächeln zu schenken ist so wichtig. Und es kostet nichts.

Doch viele von uns haben das Lachen verlernt. Als ich in Reha war, hatten wir verschiedene Anwendungen. Die Gruppen waren bei jeder Anwendung anders zusammengesetzt. Immer wenn ich in einen Raum eintrat, saßen die Patienten meist schweigend da, ihre Gesichter sahen aus, als ob gerade jemand gestorben ist. Auch die meisten Therapeuten waren derart steif, dass es mir vergangen ist. Gerade in der Reha ist Humor wichtig, denn mit Humor geht die Genesung schneller voran. Ich habe gelächelt und ein paar dieser Leute erreicht. Viele haben mich allerdings überhaupt nicht angeschaut und blieben in ihrem Leid versunken.

Lachen und Humor geben Kraft. Trotz schwierigen Zeiten ist der gemeinsame Spaß wichtig. Er lässt uns Abstand gewinnen und git uns bessere Gefühle. Gemeinsam sind wir stark. Als ich meine Clownausbildung beendet hatte, besuchte ich trotzdem noch weiterhin die monatlichen offenen Clownworkshops, weil mir die Gemeinschaft gut tat und weil ich in der Gemeinschaft lachen konnte. Wir müssen Leute suchen, mit denen wir gemeinsam lachen können, denn gemeinsam lacht es sich besser.

Wenn ich im Kindergarten vorlese, werden die Kinder nach längerer Zeit oft etwas unruhig oder fangen an zu streiten. Ich mache dann eine lustige Bemerkung oder baue ein paar clowneske Übungen ein und sofort lachen die Kinder, aller Streit ist vergessen. Ich brauche keine drohenden Maßnahme zu ergreifen. Lachen ist das Mittel.

Wo kein Lachen ist, da ist Angst, Hass, Misstrauen oder Missgunst. Viele Menschen sind eifersüchtig oder gönnen dem Mitmenschen bestimmte Dinge nicht. Warum freuen wir uns nicht, wenn der Nachbar ein neues Auto hat? Es ist doch schön, wenn er es sich leisten kann. Da müssen wir uns nicht grämen, weil wir es vielleicht nicht können. Das macht uns nicht glücklicher. Aber wenn wir uns für ihn freuen, dann ändern sich unsere Gefühle.

Jeder Mensch hat zuhause einen Spiegel, in den er jeden Tag schaut. Die meisten schauen nur, wie die Haare liegen, ob das Rouge sitzt oder ob ein neuer Pickel dazugekommen ist oder sie benutzen den Spiegel, damit sie sich beim Rasieren nicht schneiden. Warum schauen wir nicht in den Spiegeln und lächeln? Der Spiegel lächelt unverzüglich zurück und wir haben sofort ein anderes Gefühl im Körper.

In Isny (kleines Städtchen im Allgäu) ist eine kleine Buchhandlung in der Fußgängerzone. Eine Rentnerin hilft dort ab und zu aus. Es ist so schön, zuzuschauen, wie sie die Kunden bedient. Sie kümmert sich um jeden einzelnen ganz persönlich und liebevoll. Sie lacht bei jedem Kunden, der ein Buch gekauft hat. Sie lacht nicht aus Höflichkeit, sondern das Lachen kommt von Herzen. Ich habe sie einmal gefragt, warum sie bei jedem Kunden so herzhaft lacht. Sie sagte mir, weil sie sich freut, dass der Kunde das passende Buch gefunden hat, dass sie ihm weiterhelfen konnte. Sie freut sich, weil sie jemanden etwas Gutes tun konnte, weil jemand für sich ein Buch gefunden hat. Das macht sie glücklich. Und es geht ihr dabei überhaupt nicht ums Geld. Machen wir es ihr nach!

Wenn wir jemandem begegnen, können wir diesen grüßen und anlächeln. Wir müssen nicht stur an ihm vorbeilaufen, als ob es ihn gar nicht geben würde. Das leichte Lächeln erhellt schon wieder den Geist, bei mir selber und bei dem, dem ich begegnet bin. Meistens bekommen wir ein Lächeln zurück. Das Lächeln hat eine Verbindung geschaffen, wenn auch nur für einen kurzen Moment. Einige Menschen sind allerdings so mit sich selbst beschäftigt, dass sie das Lächeln gar nicht registrieren. Das soll uns aber nicht davon abhalten, den nächsten, dem wir begegnen, wieder anzulächeln.

Einer Schülerin, die ganz verzweifelt war, weil das Lernen nicht mehr funktionierte, gab ich den Ratschlag, jeden Tage eine halbe Stunde rauszugehen. Beim nächsten Mal lachte sie wieder. Die Spaziergänge taten ihr gut. Ihr Geist wurde frei und die Gedanken konnten wieder fließen.

Lachen gibt gute Energie. Wenn ich als Clown unterwegs bin, kann ich erreichen, dass es einigen Menschen besser geht als zuvor. Die Leute sehen den Clown und lachen. Sie vergessen für einen Augenblick alles um sich herum. Wir können auch im Alltag spielen, da müssen wir kein Clown sein. Statt uns bei etwas zu ärgern können wir eine Clownnummer draus machen, das Problem nicht schwer sondern witzig nehmen und ihm dadurch Leichtigkeit geben. Und wenn wir uns auf das Spiel einlassen, erleben wir Freude.

Auch bei meiner Arbeit als Lerntherapeutin kann ich mit Lachen den Kindern die Schwere, die Unlust am Lernen nehmen oder zumindest mildern. Lernen und Lachen passt wunderbar zusammen. Ich bin nicht traurig oder enttäuscht, wenn ein Schüler etwas falsch macht, ich freue mich über das, was er richtig macht.

Ich freue mich überhaupt auf jeden neuen Tag. Ich bin dankbar, dass ich atmen kann, dass ich laufen und sprechen kann. Es gab bei mir schon ganz andere Zeiten, in denen das alles nicht mehr möglich war. Deshalb freue ich mich und bin dankbar, dass es wieder geht. Wir sollten viel dankbarer sein, auch für Kleinigkeiten oder Dinge, die wir für selbstverständlich erachten.

Eine gute Übung abends vor dem Zubettgehen ist, alles aufzuschreiben, was an dem Tag Freude gemacht hat, wofür man dankbar ist. Dadurch macht man sich diese Dinge konkret bewusst und das erhöht unser Wohlbefinden. Wir sind dann mit unseren Gedanken bei den positiven Dingen.

Wir sollten öfter an etwas Schönes, Angenehmes denken. Dadurch stellt sich die Stimme auf weich und mit dieser Einstellung „lächelt" die Stimme. Das ist besonders vor Telefonaten wichtig, denn das Gegenüber hört nur die Stimme. Es wurde festgestellt, dass es auch hilft, einen lachenden Smiley anzuschauen. Auch dadurch springt der Augenringmuskel an und die Stimme bekommt einen weicheren Ton.

Eine Frau erzählte, dass sie das Lachen ihrer Kinder auf ihr Smartphone aufgenommen hat und immer, wenn sie irgendwo im Stress ist oder eine schlechte Stimmung hat, hört sie sich dieses Lachen an und ihr geht es sofort wieder besser. Wenn wir Kindern zuschauen und zuhören wie sie lachen, sind wir selber sofort auch besser drauf. Wenn wir mit den Kindern spielen, mit ihnen herumalbern, sind wir trotzdem erwachsen. Aber das Kind in uns will spielen und lachen. Das sollten wir ihm geben. Wir brauchen uns nicht zu schämen, wenn wir uns um unser inneres Kind kümmern. Ein- bis zweijährige Kinder sind fast wie ein Clown. Ständig passiert etwas, sie fallen hin, stolpern usw., aber sie lachen und wir müssen auch lachen. Omas und Opas blühen oft wieder richtig auf, wenn sie plötzlich Enkel haben. Sie geben ihnen wieder Leben und Freude. Wer keine eigenen Kinder hat, kann es als Leihoma versuchen. Ich kenne eine Frau, die keine Familie mehr hat und deshalb sehr unglücklich ist. Sie hat nun eine Familie mit zwei kleinen Kindern gefunden, bei denen sie jetzt Leihoma ist. Die Kinder lieben sie und sie liebt diese Kinder und ist so glücklich, wenn sie mit ihnen zusammen ist. Ich bin auch gerne mit Kindern zusammen, weil mir Kinder das geben, was mir viele Erwachsene nicht geben. Es ist das ehrliche, freie Lachen und die Natürlichkeit. Kinder leben im Moment.

Kinder sind neugierig und mutig. Warum können wir Erwachsene das nicht auch. Kinder stehen an der Scheibe und schauen dem Schneefall zu. Dabei sind sie im Hier und jetzt und werden neugierig, fragen sich z. B. wie viele Flocken im Schnee sind. Sie richten den Blick auf Kleinigkeiten, kommen ins Staunen. Und wo Staunen ist, da ist auch Lust. Lust, etwas auszuprobieren, etwas, das sie noch nie gemacht haben. Auch wir können Dinge machen, die wir noch nie getan haben, z. B. auf dem Spielplatz Karussell fahren, ein neues Kochrezept ausprobieren, im Sommer barfuß durch den Bach laufen usw. Und dabei kommt Freude auf.

Wir können uns zusammensetzen und humorvolle Gesellschaftsspiele spielen oder lustige Filme anschauen. Das geht sogar in Familien, die sich nichts mehr zu sagen haben, denn wenn gespielt wird, braucht man kein Thema, über das man sprechen muss und es ist lustig.

Wie wäre es, mal auf eine Almhütte zu gehen, allein oder mit ein paar guten Freunden, ganz ohne Handy. Wir können uns gar nicht mehr auf uns konzentrieren, weil wir uns dauernd im Hinterkopf fragen, ob wir eine sms, eine whatsapp oder sonst etwas bekommen haben. Wir stehen ja auch unter Antwortzwang und das möglichst schnell. Außerdem wollen wir nichts verpassen, alles als erster wissen. Wo bleibt da Zeit fürs Lachen? Auf der Almhütte kann die Muse wieder kommen.

Neulich nahm ich mein Mittagessen in einem Schnellrestaurant ein. Ich saß einer fremden älteren Frau quer gegenüber. Als sie mit dem Essen fertig war, hat sie mich angeschaut, gelächelt und sich verabschiedet. Das fand ich schön. Warum machen wir das nicht immer? So viele Menschen brauchen ein Lächeln. Lächeln ist Zuwendung und Zuwendung tut so gut.

Im McDonald Restaurant stand ich vor ein paar Wochen an der Kasse in einer langen Schlange. Einem kleinen, vielleicht knapp zweijährigen Kind wurde es langweilig. Es wurde quengelig. Ich fing an, mit ihm das Kuckucksspiel zu machen. Das Kind wurde aufgeheitert und lachte. Die Eltern waren erleichtert. Das sind einfache Dinge, wir brauchen nichts dazu. Wir müssen nur eine Bindung zu unserm Gegenüber aufbauen.

Wenn meine Schüler in der Klasse unruhig werden, lasse ich sie mit folgender Übung eine Bindung zueinander aufbauen: Jeweils zwei Schüler setzen sich einander gegenüber und schauen sich in die Augen. Sprechen und Lachen ist verboten. Nach kurzer Zeit müssen beide lachen und die ganze Klasse lacht. Das funktioniert immer und die Stimmung ist wieder aufgelockert. Danach klappt das Lernen wieder.

An meiner Badezimmertür hängt folgender Spruch: „Ein Geschenk ist so viel Wert wie die Liebe, mit der es ausgesucht wurde". Wenn wir jemandem etwas schenken, weil wir es müssen, dann macht das keine oder nur bedingt Freude, weil es ein „Muss" ist. Wenn wir aber von Herzen jemandem etwas schenken, ohne dass ein Anlass vorliegt, dann kommt Freude auf, beim Schenkenden und beim Beschenkten. Überraschende Kleinigkeiten erfreuen unser Herz und lassen uns lachen.

Wir können den Tag missmutig verbringen, weil wir wieder allein in der Wohnung sitzen. Wir können aber auch ein gutes Buch lesen, uns über den Besuch nachfreuen, der neulich da war oder an etwas Schönes denken, das wir in ein paar Tagen machen werden. Wir müssen versuchen, etwas vor uns zu haben, auf das wir uns freuen können. Das verschafft uns ein sinngebendes, kraftvolles und bereicherndes Leben. Wir müssen uns Leute suchen, die uns gut tun. Es ist besser, mit lieben, netten und humorvollen Menschen Umgang zu haben als mit missmutigen, die an allem rumnörgeln oder nur der Vergangenheit nachtrauern. Gute Menschen geben uns Kraft und Energie. Schlecht Gelaunte rauben uns die Kraft und Energie, die wir so dringend benötigen. Und je weniger Energie wir haben, desto schwerer fällt uns das Lachen.

In einem kleinen Geschäft lächelt mich eine Verkäuferin immer so schön an, auch wenn ich nichts kaufe. Eines Tages sagte ich zu ihr: „Ich finde das so schön, Sie schenken mir immer ein Lächeln." Das Lächeln der Frau wuchs. Die Frau freute sich so über das Kompliment, dass sie zu strahlen anfing. Schenken wir doch öfters Menschen Komplimente. Das kostet nichts und tut gut.

Es war kurz vor Weihnachten, als ich in einer Drogerie etwas einkaufte. Die Verkäuferin war etwas gestresst. Als sie mir das Rückgeld gab, lächelte ich ihr zu. Ihr gestresstes Gesicht verzog sich zu einem Lächeln. Sie hielt inne, einige Sekunden lang. Und ich sah, dass es ihr guttat – und mir auch. Lächelnde Menschen sind das schönste Geschenk. Das Leben wird lebendiger und lebenswerter, wenn man lächelnde Menschen um sich hat. Und die Chance, auf diese Menschen zu treffen, steigt, wenn man selber lächelt. Insbesondere an den Tagen, an denen alles schief läuft oder viel Hektik ist, hilft ein Lächeln.

Wir erleben immer wieder mal Situationen, in denen wir uns ärgern. Wie wäre es, in solchen Situationen einfach zu lächeln. Ich weiß, das ist nicht immer einfach. Aber wir können uns die Grundeinstellung angewöhnen und den Mut aufbringen, einfach zu lächeln. Lächeln ist die stärkste Waffe. Wenn wir in Situationen, die uns eigentlich ärgern, lachen können, haben wir viel gewonnen.

Heute Morgen machte ich einen Spaziergang in die Stadt, um mich um die Katzen einer Bekannten zu kümmern. Gerade als ich in die Stadt reinlief, fingen die Glocken des Kirchturmes an zu läuten. Es war Sonntag. Sie läuteten zum Gottesdienst. Ich beachtete sie nicht weiter. Doch plötzlich bekam ich das Gefühl, dass die Glocken für mich läuten. Sie begleiteten mich in die Stadt hinein. Sie bekamen für mich eine ganz andere Bedeutung. Und ich bewegte mich zum Glockengeläut und lächelte. Das sind Kleinigkeiten im Alltag, die ein Lächeln hervorrufen, wenn wir ihnen unsere Aufmerksamkeit schenken. Es kommt immer darauf an, wohin wir unsere Aufmerksamkeit lenken.

Auch in der Kirche darf es lustig sein. Die Pater der Comboni-Missionare in Mellatz feiern jeden Sonntag mit einer Weggemeinde Gottesdienst. Sie sind bekannt für lebendige Gottesdienste. Und in diesen Gottesdiensten wird auch gelacht, geklatscht und teilweise getanzt. Da bin ich auch schon als Clown aufgetreten. Das verbindet. Da fühlt man sich wohl. Es ist ein ganz anderes Gefühl als in manch anderer Kirche. Und es ist eine Gemeinschaft.

Meine Clownsnase ist immer im Auto. Wenn ich irgendwo im Stau oder länger an der Ampel stehe, kommt es ab und zu vor, dass ich meine Clownsnase aufsetze, vor allem, wenn Kinder in den benachbarten Autos sitzen. Allein die Clownsnase und ein bisschen Mimik reichen, um die Wartezeit mit Lachen zu verbringen. Die Leute im benachbarten Auto wundern sich zuerst, doch danach lachen sie.

Eine Bekannte von mir ging an Sylvester zu einer Piano-Comedy ins Kurhaus. Sie hatte Karten gekauft, wollte aber zuerst nicht hingehen, weil es ihr gesundheitlich nicht so gut ging. Am nächsten Tag erzählte sie mir begeistert: „Ich bin so froh, dass ich da hingegangen bin. Es war so toll. Der Saal war voll, und alle Leute hatten einen fröhlichen zufriedenen Gesichtsausdruck. Es war so lustig, dass wir nur am Lachen waren. Das war besser als jede Medizin."

Humor kann uns durch so manche schwere Zeit bringen und manchmal reicht ein Lächeln schon aus, um einen grauen Tag zu vertreiben. Lachen befreit uns von Stress, Anspannung, Angst und Ärger. Wir können uns geistig entspannen, loslassen und einfach nur sein.

Als ich letztes Jahr eine schwere Zeit durchgemacht hatte, vergaß ich das Lachen. Doch als alles zu schwer für mich wurde und mich fast erdrückte, fing ich an zu lachen, einfach weil es zu traurig war. Und ich lachte und lachte. Da passierte es. Ich flutschte plötzlich aus dem Problem raus und stand daneben. Und genauso plötzlich wusste ich, was ich tun musste, damit es mir besser geht. Das Lachen hat mir die Lösung gebracht. Es hat mir eine andere Perspektive gegeben.

Wir stehen oft unter Leistungsdruck, vergleichen uns mit unseren Mitmenschen, leben nach den Erwartungen anderer, wollen allen alles recht machen, leben in der Vergangenheit oder in der Zukunft. Uns plagen Ängste und Sorgen. Und dauernd haben wir das Gefühl, dass wir bestimmte Dinge tun „müssen", obwohl wir es eigentlich gar nicht wollen. Warum nehmen wir uns nicht mal Zeit, in uns hineinzuhorchen, uns selber besser kennenzulernen und das zu tun, was wir für richtig erachten? Dann würde es uns wesentlich besser gehen und wir könnten die Freude spüren.

Gute Laune verbreiten sollte der neue Trend werden. Das würde die Menschen freier machen und Freiheit macht glücklich. Humor hält die Seele des Menschen am Leben. Stecken wir unsere Mitmenschen mit einem Lächeln an!

Jeder Moment, der von einem Lächeln begleitet wird, ist in seiner ganz individuellen Art besonders. Denn so wie wir einzigartig sind, ist es auch unser Lächeln.

Auf geht's! Jetzt sind Sie dran!

LÄCHELN!!!

Quellenangaben

Bücher

Das lachende Gehirn, Rainer W. Heckl, Schattauer 2019 by J. G. Cotta'sche Buchhandlung Nachfolger GmbH, gegr. 1659, Stuttgart

Das Schatzbuch des Lachens, Charmaine Liebertz, 2016, 1. Auflage Burckhardthaus, Körner Medien UG, München

Lachen ist der erste Schritt zum Glück, Laura Chaplin, 1. Auflage 2016, Hoffmann und Campe Verlag, Hamburg

Das lachende Gehirn, Reiner W. Heckl, Schattauer, 2019 by J. G. Cotta'sche Buchhandlung Nachfolger GmbH, gegr. 1659, Stuttgart

Erst der Spaß, dann das Vergnügen, Dr. med. Roman F. Szeliga, 4. Auflage 2015, Copyright 2011 Kösel-Verlag, München, in der Verlagsgruppe Random House GmbH

Der Clown in uns, David Gilmore, Kösel-Verlag, München 2007

Die heilende Kraft des Singens, Wolfgang Bossinger, 2006 Traumzeit-Verlag David Lindner & Wolfgang Bossinger, Traumzeit-Verlag, Battweiler

Frustschutzmittel, Dr. med. Roman F. Szeliga, 5. Auflage, 2017 Midas Management Verlag AG

Internet

https://www.forschung-und-lehre.de/forschung/witze-erfuellen-eine-kulturelle-funktion-1903/
aufgerufen am 08.11.2019

https://de.wikipedia.org/wiki/Lachen
aufgerufen am 12.12.2019

https://www.welt.de/gesundheit/psychologie/article128260276/
Warum-wir-ueber-unterschiedliche-Witze-lachen.html
aufgerufen am 09.11.2019

https://de.wikipedia.org/wiki/Gelotologie
aufgerufen am 12.11.2019

https://de.wikipedia.org/wiki/Witz
aufgerufen am 11.11.2019

https://www.tagesspiegel.de/kultur/humor-in-europa-lachen-verbindet/19190748.html
aufgerufen am 11.12.2019

https://uni.de/redaktion/andere-laender-andere-witze
aufgerufen am 19.11.2019

https://www.fr.de/ratgeber/gesundheit/lebensmittel-gluecklich-machen-11245031.html
aufgerufen am 10.11.2019

https://www.youtube.com/watch?v=IB14O0uBcYw
aufgerufen am 30.10.2019

https://www.planet-wissen.de/gesellschaft/psychologie/lachen/index.html
aufgerufen am 10.12.2019

https://www.deutschlandfunk.de/lachen-vom-grinsen-und-ga̅ckern.709.de.html?dram:article_id=392470
aufgerufen am 08.11.2019

https://www.gluecksarchiv.de/inhalt/lachen.htm
aufgerufen am 08.11.2019

https://books.google.de/books?hl=de&lr=&id=fh9HkiOng̅tYC&oi=fnd&pg=PA7&dq=schule+und+hu - mor&ots=r_B_5o-hywX&sig=tAU97PCCJdMZ0W2T5Nj0a5fd1Gs#v=onepage&q

=schule%20und%20humor&f=false,
aufgerufen am 02. November 2019

https://www.lernwelt.at/downloads/interviewlachen_liebertz-charmaine.pdf
aufgerufen am 12.12.2019

https://www.familie.de/kleinkind/heute-schon-gelacht-so-wichtig-ist-humor-fuer-kinder/
aufgerufen am 02.11.2019

https://www.netzpiloten.de/kinder-humor-entwickeln/
aufgerufen am 05.11.2019

https://www.praxisgestaltung-kiga.de/humor-in-der-erziehung.php?xid=
aufgerufen am 17.12.2019

https://www.t-online.de/unterhaltung/tv/id_79425304/warum-der-komiker-kaya-yanar-es-manchmal-satt-hat-lustig-sein-zu-muessen.html
aufgerufen am 19.12.2019

https://www.agitano.com/echtes-laecheln-falsches-laecheln-so-erkennen-sie-den-unterschied/84911
aufgerufen am 19.12.2019

https://www.clownsvisite.de/clowns-im-seniorenheim/
aufgerufen am 16.12.2019

https://www.jumpradio.de/thema/lachen-erklaert-mit-stefan-verra-100.html
aufgerufen am 18.12.2019

https://www.welt.de/kultur/article109609000/Warum-wir-so-gerne-ueber-den-Dicken-lachen.html

aufgerufen am 19.12.2019

https://books.google.de/books?id=_uvPFA-
PYoQC&pg=PA291&lpg=PA291&dq=das+lachzentrum+unseres+
K%C3%B6rpers+ist+das+Zwerchfell&source=bl&ots=nLw-
N1waYuw&sig=ACfU3U30s-
G_LAN946Tlw6QDR9fvnF0KvA&hl=de&sa=X&ved=2ahUKEwia-
qZ2Wo8TmAhWS5KQKHelzC50Q6AEwD3oECAoQAQ#v=one-
page&q=das%20lachzentrum%20unseres%20K%C3%B6r-
pers%20ist%20das%20Zwerchfell&f=false
aufgerufen am 20.12.2019

https://www.passengeronearth.com/kinder-lachen-unser-wahre-
aufgabe-ist-es-gluecklich-zu-sein/
aufgerufen am 2.12.2019

https://musikbegeisterung.de/laecheln-musikmachen-glueck-
lich/
aufgerufen am 22.12.2019

https://www.wochenblattt-reporter.de/ruelzheim/c-lokales/wild-
fremde-menschen-singen-und-lachen-zusammen_a45244
aufgerufen am 25.12.2019

http://klangschreiber.de/2012/07/21/kichern-glucksen-schnau-
ben-oder-prusten-welcher-lachtyp-bist-du/
aufgerufen am 7.12.2019

https://www.youtube.com/watch?v=_lpqxAZ9b9Y
aufgerufen am 12.11.2019

https://www.youtube.com/watch?v=Bb9G1l_1x48
aufgerufen am 12.11.2019

https://www.youtube.com/watch?v=td8CPbj9GT8
aufgerufen am 15.11.2019

https://www.programmwechsel.de/lustig/witze.html
aufgerufen am 05.11.2019

Weitere Bücher der Autorin